Das Naturbastelbuch für Kinder

Fiona Hayes

Mit großem Dank an die tollen Models Thomas und Lily

ISBN 978-3-8094-4179-3

3. Auflage 2021

Umschlaggestaltung: Atelier Versen, Bad Aibling

Layout: Paul Myerscough, Jessica Moon

Projektkoordination: Birte Dittmann

Übersetzung: Dr. Ulrike Kretschmer, München

Satz und Redaktion: Dr. Alex Klubertanz, Garmisch-Partenkirchen

Printed in China

MIX
Papier aus verantwortungsvollen Quellen
FSC
www.fsc.org
FSC® C016973

Das Natur-bastelbuch für Kinder

Fiona Hayes

Bassermann

Inhalt

Bevor es losgeht 6
Vogelmaske 8
Schnecken 10
Blumen 11
Vogelnest 12
Korallenriff und Fische 13
Eulen 14
Häschen 16
Schildkröte 18
Stern 19
Libellen 20
Eichhörnchen 22
Schmetterlinge 24
Bäume 26
Schneeflocke 27
Spinne und Spinnennetz 28
Mäuse 30
Pinguine 31
Sonnenbilderrahmen 32
Rentier 34
Schlange 36
Krabbe 37
Laubfrösche 38
Pfau 40
Eidechse 42
Raupen 44

Igel 46
Insekten 47
Püppchen 48
Koalabär 50
Krokodil 52
Löwenmaske 54
Dinosaurier 56
Engel 58
Papagei 59
Schaf 60
Pilze 62
Schneemann 63
Vögel 64
Kakteen 66
Henne und Küken 67
Schablonen 68
Basteltipps 72

Bevor es losgeht

Für die Bastelideen in diesem Buch brauchst du verschiedene natürliche Materialien und ein paar Dinge, die du wahrscheinlich zu Hause hast. Das meiste aber findest du in der Natur – du musst nur wissen, wo und wann du danach suchen kannst.

Bastelmaterialien aus der Natur

Wenn du das nächste Mal draußen bist, dann sieh dich doch einmal um. Wahrscheinlich siehst du Bäume, Sträucher, Wiesen, Beete, Felder oder Gärten – und überall dort gibt es Dinge, mit denen du basteln kannst.

- Nimm einen Stoffbeutel mit, in dem du diese Dinge sammeln kannst.
- Sieh auch nach oben: Welche Bäume wachsen in deiner Umgebung? Haben sie Eicheln oder Zapfen? Oder bunte Blätter? Suche nach Schätzen, die auf den Boden gefallen sind.
- Sammle auch Zweige und Stöckchen: gerade, krumme, dünne und dickere.
- Gibt es vielleicht auch Samenschoten und -hülsen? Leere Schneckenhäuser?
- Du bist am Strand? Dann halte nach leeren Muscheln und interessanten Kieseln Ausschau!

Zum richtigen Zeitpunkt

Du kannst das ganze Jahr über Dinge zum Basteln in der Natur finden, am interessantesten aber ist der Herbst. Dann gibt es jede Menge Stöckchen, Blätter, Früchte und buntes Laub, und der Wind hat Samen heruntergeweht.

Das Material vorbereiten

Das meiste – etwa Kiesel, Stöckchen, Muscheln und Samenschoten – lässt sich mit etwas Spülmittel und warmem Wasser reinigen, du darfst nur nicht zu sehr schrubben. Lass alles vollständig trocknen, bevor du mit dem Basteln beginnst. Und wasch dir auch selbst die Hände.

Grundausstattung

Bei jeder Bastelidee ist genau aufgelistet, was du brauchst. Lege dir auf jeden Fall Folgendes bereit:

- Bastelkleber oder Kaltklebepistole
- Verschiedene Farben
- Pinsel
- Filzstifte
- Buntstifte
- Schere
- Lineal

Vogelmaske

Gegen Ende des Sommers verlieren die Vögel ihre Federn, und neue wachsen nach. Die alten Federn kannst du prima zweitverwerten.

Materialien

Bastelkarton

Dünnes Gummiband

Lange und kurze Federn (ggf. aus dem Bastelladen)

Bunter Filz

Gelber Bastelkarton

1

Zeichne mithilfe der Schablone auf Seite 68 den Umriss einer Augenmaske auf Bastelkarton und schneide sie aus. Bohre mit einer Bleistiftspitze kleine Löcher für die Schere und schneide die Augenlöcher aus. Bohre auch an jeder Seite ein kleines Loch.

2

Fädle ein dünnes Gummiband durch die seitlichen Löcher und verknote die Enden.

3

Klebe lange Federn vorne an den oberen Rand der Maske.

4

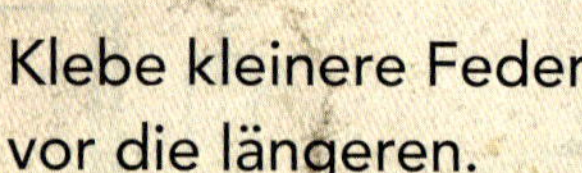

Klebe kleinere Federn vor die längeren.

5

Schneide kleine Dreiecke aus buntem Filz aus.

6

Beklebe den Rand der Maske mit den Filzdreiecken. Lass am unteren Rand Platz für den Schnabel.

7

Klebe nun auch die restlichen Filzdreiecke auf – sie dürfen sich überlappen –, bis die ganze Maske bedeckt ist.

8

Falte gelben Bastelkarton in der Mitte und schneide ein Dreieck aus.

9

Klebe den Schnabel an den unteren Rand der Maske. Und nun: Maske aufsetzen und mit den Flügeln schlagen!

Schnecken

Materialien

Farbe

Leere Schneckenhäuser oder Muscheln

Lufthärtende Modelliermasse

Kurze, dünne Stöckchen

Augen zum Aufkleben

Kaltklebepistole

Blumentopf (optional)

1

Male einige Schneckenhäuser oder Muscheln an.

2

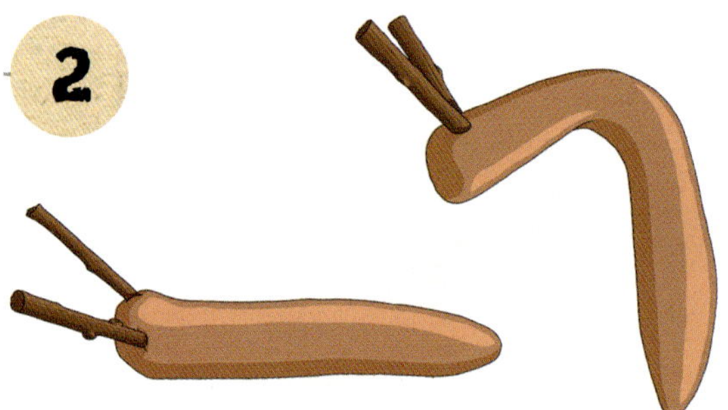

Rolle ein Stück Modelliermasse zu einer kleinen Wurst und biege ein Ende etwas um – das ist der Kopf. Stecke zwei kleine Stöckchen in den Kopf. Stelle so noch weitere Schneckenkörper her und lass die Modelliermasse trocknen.

3

Male die Schnecken bunt an.

4

Klebe ein Paar Augen auf die Stöckchen und die Schneckenhäuser oder Muscheln auf die Körper.

5

Befestige deine Schnecken an einem Blumentopf, wenn du möchtest.

Blumen

Materialien

Getrocknete Mohnsamenköpfe

Grüne Farbe

Grüne knickbare Strohhalme

Papierreste

Krepppapier

1

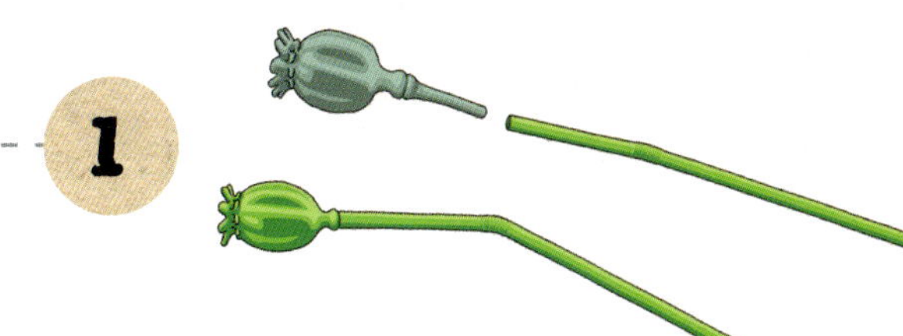

Schneide die Mohnsamenköpfe kurz hinter dem Stielansatz ab und male einige grün an. Klebe sie auf die Strohhalme.

2

Zeichne ein Blütenblatt mithilfe der Schablone auf Seite 69 auf Papier und schneide es aus. Schneide einen Streifen Krepppapier in der Breite des Blattes zurecht.

3

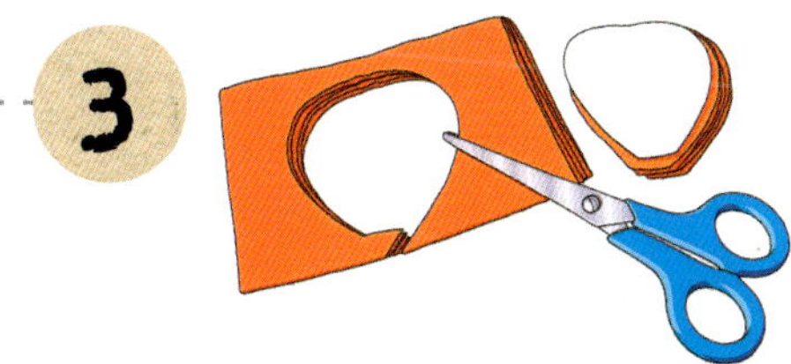

Falte den Krepppapierstreifen fünfmal übereinander. Lege das Blütenblatt darauf, zeichne den Umriss auf und schneide alle Blätter auf einmal aus.

4

Klebe jeweils das schmale Ende eines Blütenblattes um das obere Ende eines Strohhalms. Die Blätter sollten einander in der Hälfte ihrer Breite überlappen.

Bastle mehrere Blumen in verschiedenen Farben, sodass sich ein bunter Strauß ergibt.

Vogelnest

Vögel bauen sich ihre Nester aus Zweigen, Gräsern, Blättern, Lehm, Steinen – und sogar Speichel!

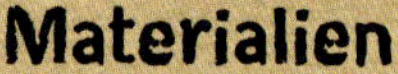

Materialien

Pappschale

Jede Menge Zweige

Kleine Federn (ggf. aus dem Bastelladen)

1 Male eine Pappschale hellbraun an und lass die Farbe trocknen.

2 Drehe die Schale um und klebe kleine Zweigstückchen überlappend an den Rand.

3 Drehe die Schale noch einmal um und beklebe auch den oberen Rand mit Zweigen.

4 Stecke einige kleine Federn zwischen die Zweige – und fertig ist dein Vogelnest!

Korallenriff und Fische

Materialien

Kiefernzapfen

Eichelfruchtbecher

Herz- oder andere kleine Muscheln

Feiner Bindfaden

Kleiner Ast mit Zweigen

Orangefarbene Farbe

1

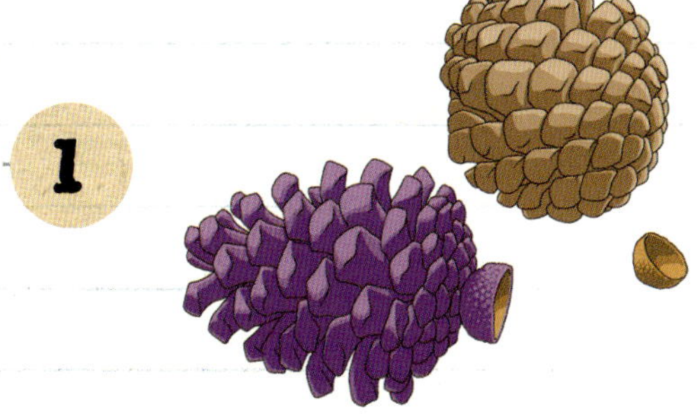

Beklebe jeden Kiefernzapfen mit einem Eichelfruchtbecher. Male einige der Zapfen an.

2

Klebe jeweils eine kleine Muschel an die Seiten und an ein Ende der Zapfen.

3

Male für jeden Fisch zwei Eichelfruchtbecher weiß an und setze einen schwarzen Punkt darauf. Klebe diese »Augen« an die Zapfen. Binde je einen Faden um die Fische und verknote ihn zu einer Schleife.

4

Male einen kleinen Ast mit Zweigen orangefarben an und zeichne ein Korallenmuster auf. Hänge deine Fische am Korallenriff auf.

Eulen

Es gibt männliche und weibliche Kiefernzapfen. Die weiblichen enthalten Samen, die mit dem Zapfen zu Boden fallen und zu einem neuen Baum heranwachsen können.

Materialien

Kleine und große Kiefernzapfen

Filz in Gelb und anderen Farben

Eichelfruchtbecher

Getrocknete Bohnen

Ast mit Zweigen

Klebeknete (z. B. Tesa Tack)

1

Male einige der Zapfen in den Farben deiner Wahl an.

2

Schneide für jeden Zapfen eine Filzraute aus. Sie sollte etwa so groß wie der Zapfen sein.

3

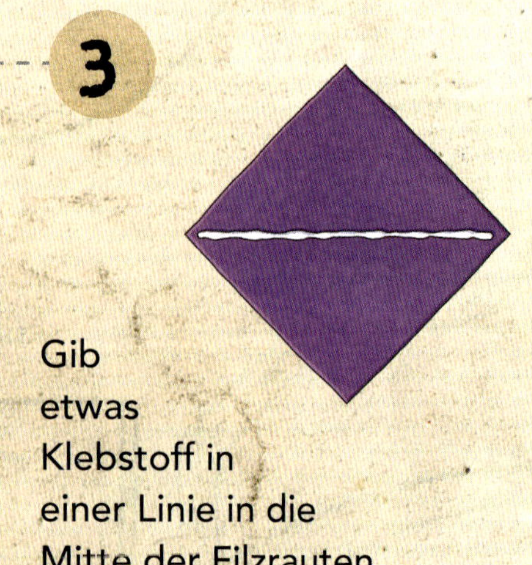

Gib etwas Klebstoff in einer Linie in die Mitte der Filzrauten.

4

Klebe den Filz auf die Zapfen.

5

Male für jeden Zapfen zwei Eichelfruchtbecher innen weiß an. Klebe in jeden Fruchtbecher eine Bohne und die Fruchtbecher anschließend an den Zapfen.

6

Schneide für jede Eule einen Schnabel aus gelbem Filz aus und klebe ihn an.

7

Setze die Eulen auf den Ast. Halten sie nicht, befestige sie mit Klebeknete.

Nützlicher Tipp
Für größere Eulen brauchst du eventuell Augen zum Aufkleben.

Häschen

Kiefernzapfen gibt es in vielen verschiedenen Größen und Formen. Lass sie vor dem Basteln immer erst gut trocknen.

Materialien

- Breiter Kiefernzapfen
- Kaltklebepistole
- Miesmuschelschalen
- Augen zum Aufkleben
- Rosafarbener und weißer Bommel

1

Male den Kiefernzapfen grau an. Du kannst ihn auch in seiner natürlichen Farbe lassen.

2

Klebe oben zwei Miesmuschelschalen an und versuche, dabei das spitze Ende der Schalen tief zwischen die Schuppen des Zapfens zu stecken. Die Außenseiten der Muschelschalen zeigen nach hinten.

3

Male zwei weitere Miesmuschelschalen außen grau an und klebe sie unten an den Zapfen. Sie sind die Füße des Häschens.

4

Zeichne mit einem schwarzen Stift Zehen auf.

5

Klebe zwei Augen vorn an den Zapfen.

6

Klebe einen kleinen rosafarbenen Bommel als Nase an den Zapfen und einen größeren weißen als Schwanz an.

Nützlicher Tipp

Zapfen findest du unter Nadelbäumen, am häufigsten im Spätherbst oder zu Beginn des Winters.

Schildkröte

Materialien

Schaumstoffkugel

4 Herzmuschelschalen

Eine halbe Kokosnussschale

Napfschneckengehäuse oder Muscheln

2 Eichelfruchtbecher

1

Male eine Schaumstoffkugel sowie 4 Herzmuschelschalen grün an.

Drehe die Kokosnussschale um und klebe die Herzmuschelschalen als Füße an den Rand.

3

Drehe die Kokosnussschale noch einmal um und klebe die Schaumstoffkugel als Kopf an.

Beklebe die Kokosnussschale mit Napfschneckengehäusen.

5

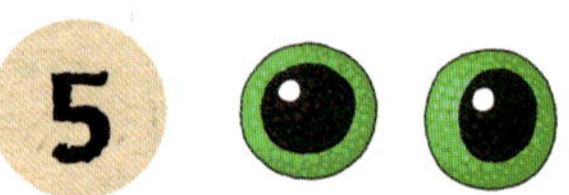

Male für die Augen 2 Eichelfruchtbecher grün an. Setze je einen großen schwarzen sowie einen kleinen weißen Punkt darauf.

Klebe die Augen an den Kopf und zeichne gelbe Punkte sowie ein Lächeln auf.

Stern

Materialien

5 lange, dünne Stöcke

5 Haushaltsgummis

Buntes Garn

1

Schneide 5 Stöcke auf die gleiche Länge zu.

2

Lege 4 Stöcke zu einem W und umwickle sie dort, wo sie sich überschneiden, mit Gummis.

3

Ziehe die beiden äußeren Stöcke so zueinander, dass sie sich überkreuzen.

4

Lege den 5. Stock auf die Enden der äußeren Stöcke und befestige ihn ebenfalls mit Gummis. Umwickle die Stellen, an denen sich die Stöcke in der Mitte überschneiden, mit Garn.

5

Umwickle auch die Sternspitzen mit Garn, um den Stern zu verzieren.

Libellen

Die Propellersamen für die Flügel deiner Libellen findest du im Spätsommer sowie im Herbst.

Materialien

Grüne und blaue Farbe
Dünne Stöcke
Bunter Bast
Blauer und brauner Filz
Augen zum Aufkleben
Propellersamen
Bambusrohr oder langer, gerader Stock
Wellpappe
Dicker Karton

1

Male einen dünnen Stock an und umwickle ihn mit Bast. Das ist der gestreifte Körper der Libelle.

2

Schneide den Umriss einer 8 aus Filz aus, der etwas größer ist, als die Augen zum Aufkleben sind. Klebe die Augen darauf.

3

Klebe die Augen an den Kopf der Libelle.

4

2 Propellersamenpaare bilden die Flügel. Du kannst sie anmalen oder in ihrer natürlichen Farbe lassen.

5

Klebe die Flügel über Kreuz an den Körper. Fertige nach diesem Muster weitere Libellen an.

6

Male für den Rohrkolbenstängel ein Bambusrohr oder einen langen, geraden Stock grün an. Schneide ein Stück Wellpappe aus, das etwa ein Drittel des Stocks bedeckt, und klebe es um den Stock. Oben muss ein kleines Stück Stock frei bleiben.

7

Schneide ein Stück braunen Filz aus, das etwas größer als die Wellpappe ist. Klebe den Filz um die Pappe. Klebe den überstehenden Filz an dem Stock fest.

8

Schneide aus dickem Karton Blätter für die Pflanze aus und male sie grün an. Klebe die Blätter an den Stängel.

9

Klebe zum Schluss die Libellen an die Rohrkolben.

Eichhörnchen

Eichhörnchen essen eigentlich alle Nüsse gern, am liebsten aber mögen sie Eicheln und Walnüsse.

Materialien

- Großer Kiefernzapfen
- Dicker Stock
- Säge (mit der Hilfe eines Erwachsenen)
- Schaumstoffei
- Dicker Karton
- Weizen- oder Gerstenähren
- Kleine getrocknete Blätter
- Eichelfruchtbecher
- Kleine Muscheln
- Große Nuss

1

Male einen Kiefernzapfen braun an. Bitte einen Erwachsenen, dir zwei kurze Stücke von einem Stock abzusägen. Male auch sie braun an.

2

Klebe die Stöcke mithilfe einer Kaltklebepistole seitlich unten an den Zapfen.

3

Male ein Schaumstoffei braun an und klebe es oben auf den Zapfen.

Nützlicher Tipp

Ähren findest du am Rand von Getreidefeldern. Hebe nur heruntergefallene Ähren auf!

4

Schneide ein gebogenes Stück dicken Karton für den Schwanz aus und klebe die Ähren so daran, dass ein buschiger Schwanz entsteht.

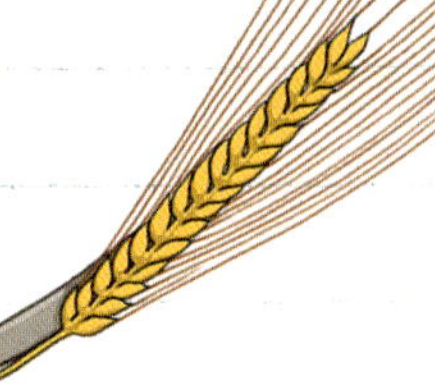

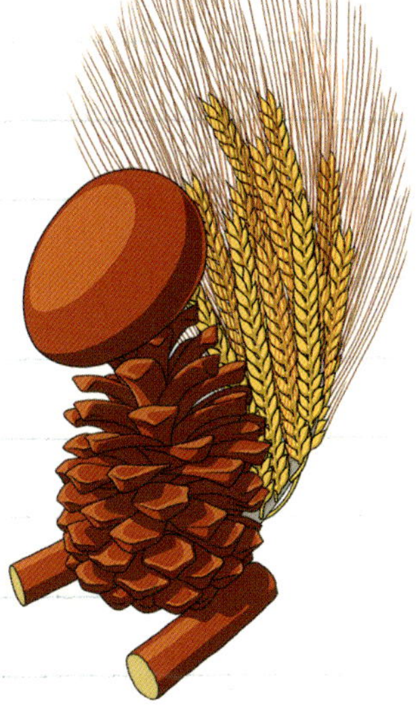

5

Klebe den Schwanz mithilfe einer Kaltklebe-pistole unten an den Zapfen.

Klebe zwei kleine getrocknete Blätter als Ohren seitlich an den Kopf. Male einen Eichelfrucht-becher schwarz an und klebe ihn vorn an den Kopf.

7

Schneide zwei Arme aus dickem Karton aus und male sie braun an. Benutze dazu die Schablone auf Seite 69.

Klebe die Arme seitlich an den Zapfen.

Klebe zwei kleine Muscheln als Augen auf und setze auf jede einen schwarzen Punkt. Drücke dem Eichhörnchen zum Schluss eine große Nuss in die Pfoten.

Schmetterlinge

»Zerzauste« Federn bekommst du wieder glatt, wenn du sie zwischen die Finger nimmst und darüberstreichst.

Materialien

Federn (ggf. aus dem Bastelladen)

Karton

Eichelfruchtbecher

Getrocknete Bohnen oder Erbsen

Kurze, dünne Stöckchen

1

Stelle die Federn paarweise zu einem symmetrischen Schmetterling zusammen.

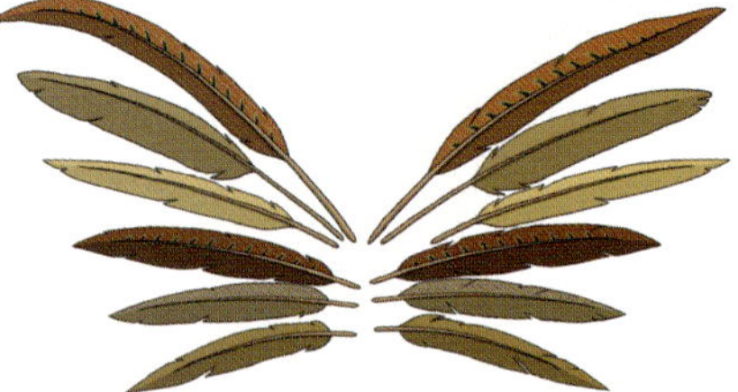

Schlichtere Federn kannst du in der Farbe deiner Wahl anmalen.

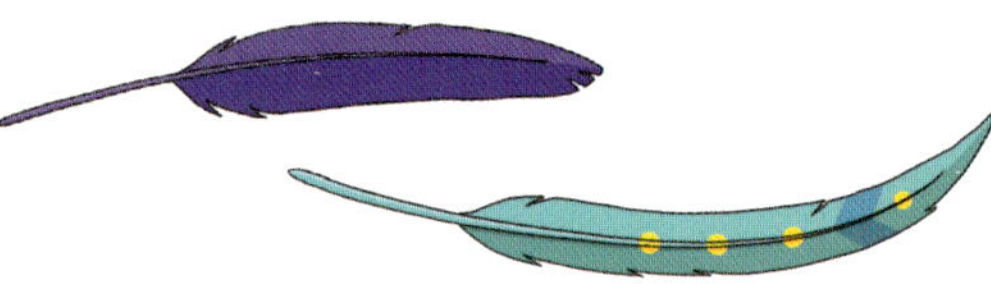

3

Schneide zwei Schmetterlingskörper aus Karton aus. Male einen grün an.

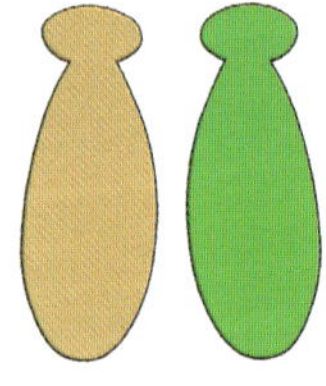

Schneide die Federkiele ab und klebe ein Paar Federn an den unbemalten Körper.

Klebe weitere Federn an, bis bunte Flügel entstanden sind.

6

Klebe den bemalten Körper darauf. Zeichne mit einem Stift Streifen auf den Körper.

7

Male zwei Eichelfruchtbecher innen weiß an und lass die Farbe trocknen. Klebe anschließend je eine getrocknete Bohne oder Erbse hinein.

8

Schneide zwei dünne Stöckchen zurecht und biege das obere Ende ab. Das sind die Fühler deines Schmetterlings.

9

Klebe die Augen vorn und die Fühler hinten auf den Kopf und zeichne deinem Schmetterling ein Lächeln auf!

Bäume

Materialien

Dünne Stöckchen
Eisstiele
Geschenkband

1

Schneide die Stöckchen in verschiedenen Längen zurecht. Für einen Baum brauchst du zwischen 10 und 14 Stöckchen.

2

Male einige Stöckchen grün an und lass die anderen in ihrer natürlichen Farbe.

3

Male die Eisstiele braun an und klebe die Stöckchen so darauf, dass ein Dreieck entsteht. Beginne oben mit den kürzesten Stöckchen.

4

Klebe eine Geschenkbandschleife hinten an den Eisstiel.

5

Male die Stöckchen für einen bunten Baum in verschiedenen Farben an und hänge die Bäume auf.

Schneeflocke

Materialien

8 dünne Zweige mit Seitentrieben

Dicker Karton

Getrocknete Gewürze

Selbstklebende Schmucksteine

1

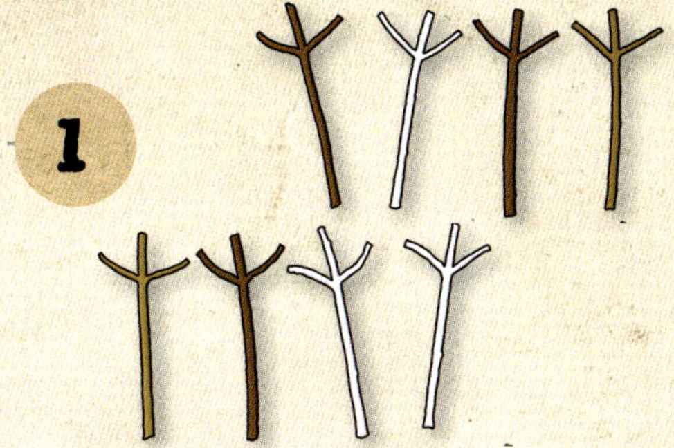

Schneide die Zweige auf dieselbe Länge zurecht und male sie weiß an.

2

Schneide zwei Kreise aus dickem Karton aus und male sie ebenfalls weiß an.

3

Klebe die Zweige strahlenförmig auf den Kartonkreis.

4

Klebe den zweiten Kreis darauf und lass alles trocknen.

5

Verziere deine Schneeflocke mit getrockneten Gewürzen – z. B. Sternanis, Kardamom, Nelken – und selbstklebenden Schmucksteinen.

Spinne und Spinnennetz

Viele Spinnen fangen ihre Nahrung – meist Insekten – in kunstvoll gewebten Netzen.

Materialien

Eine halbe Walnussschale

2 schwarze Pfeifenreiniger

3 lange, dünne Stöcke

Garn

Getrocknete Linsen

1

Male die Hälfte einer Walnussschale schwarz an.

2

Schneide die Pfeifenreiniger zu 8 Spinnenbeinen zurecht und klebe sie ins Innere der Walnussschalenhälfte.

3

Drehe die Nussschale um und biege die Beine so zurecht, dass die Spinne aufrecht steht.

4

Lege 3 dünne Stöcke sternförmig übereinander und binde sie in der Mitte mit Garn zusammen. Daraus wird später das Netz.

Schneide ein Stück Garn ab und binde es wie abgebildet um die Stöcke. Verknote das Garn, wenn du wieder am Ausgangspunkt angekommen bist, und schneide den Rest des Garns ab.

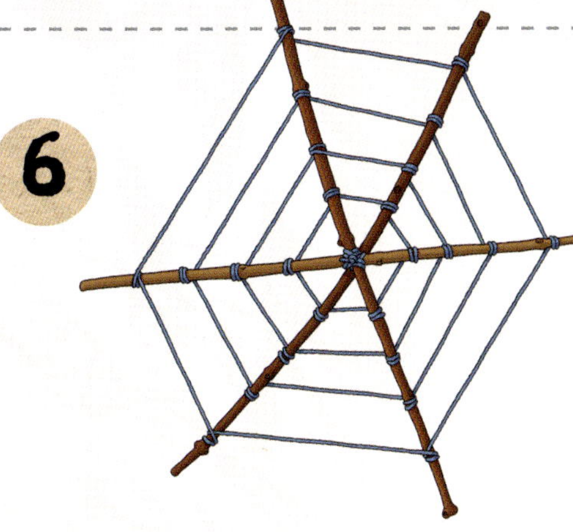

Wiederhole Schritt 5 noch 3-mal und gehe dabei von der Mitte des Netzes immer weiter nach außen vor.

Klebe zwei getrocknete Linsen als Augen auf die Spinne auf und verziere sie mit je einem schwarzen Punkt. Befestige die Spinne mit den Beinen an ihrem Netz.

Nützlicher Tipp

Spinnennetze kannst du an einem ruhigen Herbstmorgen häufig auf Sträuchern sehen. Sieh sie dir genau an und versuche, sie beim Basteln nachzubauen.

Mäuse

Neben grauen Mäusen gibt es auch dunkelbraune, weiße und schwarze.

Materialien

Ganze Nussschalen
Rosafarbener Filz
Getrocknete Bohnen
Getrocknete Linsen oder Erbsen

1

Male die Nussschalen in verschiedenen Grautönen an oder lass sie unbemalt.

2

Schneide für jede Maus einen Schwanz und zwei Ohren aus rosafarbenem Filz aus.

3

Klebe Ohren und Schwanz an die Nussschalen.

4

Klebe je zwei Bohnen als Augen an und setze einen weißen Punkt auf jede Bohne.

5

Klebe je eine Linse oder Erbse als Nase an. Fertig sind die Mäuse!

Fiep!

Pinguine

Propellersamen findest du z. B. unter Ahornbäumen. Sie drehen sich beim Herunterfallen wie kleine Propeller.

Materialien

Großer, rauer, flacher Stein
2 glatte Kiesel
Pistazienschalen
Getrocknete Erbsen
2 Paar Propellersamen
Klebeknete
(z. B. Tesa Tack)

1

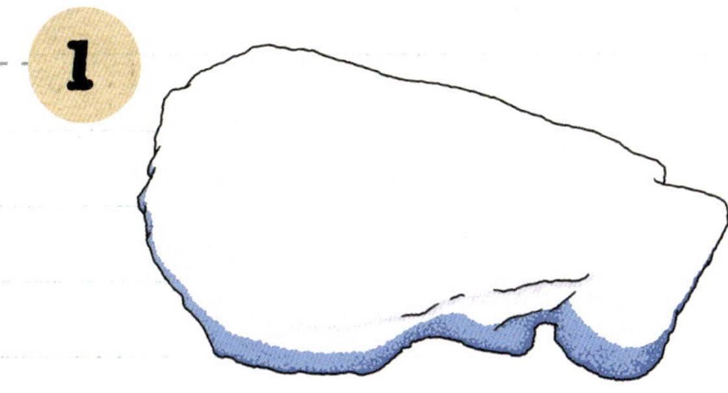

Male den rauen Stein weiß an und füge einen hellblauen Rand hinzu. Das ist die Eisscholle für die Pinguine.

2

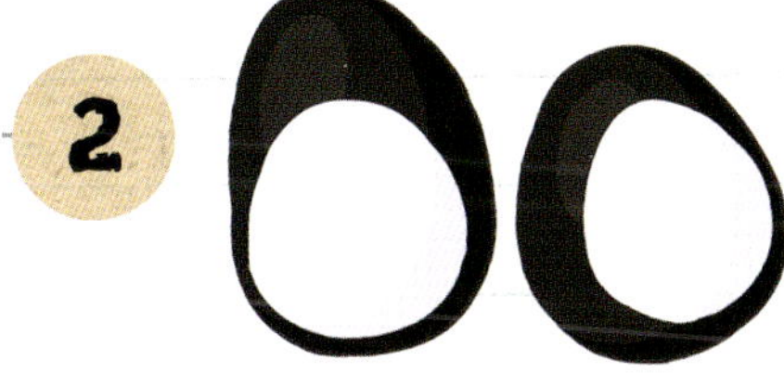

Male auf jeden Kiesel ein weißes Oval und lass es trocknen. Male den Rest der Kiesel schwarz an.

3

Male zwei halbe Pistazienschalen gelb an und klebe sie als Schnabel auf die Kiesel. Klebe zwei getrocknete Erbsen als Augen an und setze jeweils einen schwarzen Punkt darauf.

4

Male die Propellersamen schwarz an und klebe sie als Flügel auf die Kiesel.

5

Befestige die Pinguine mithilfe einer Kaltklebepistole oder mit Klebeknete auf ihrer Eisscholle.

Sonnen-bilderrahmen

Materialien

Dicker Karton
Viele dünne Stöckchen
Getrocknete Bohnen in verschiedenen Farben
Geschenkband

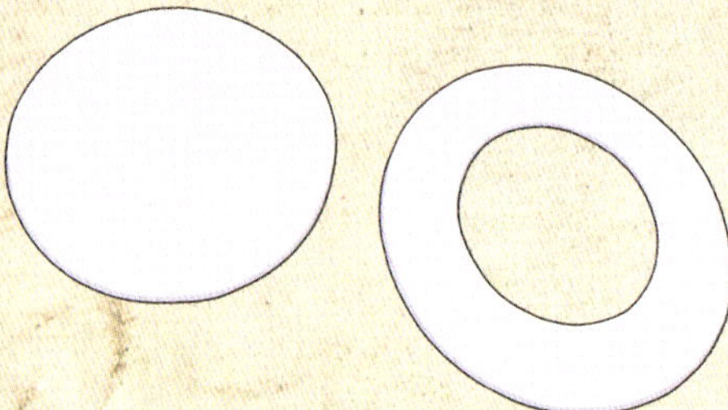

1

Schneide zwei Kreise aus dickem Karton aus, wobei ein Kreis ein wenig kleiner als der andere sein muss. Schneide aus der Mitte des größeren Kreises einen weiteren Kreis aus.

2

Male den Ring gelb an. Das wird später der Rahmen.

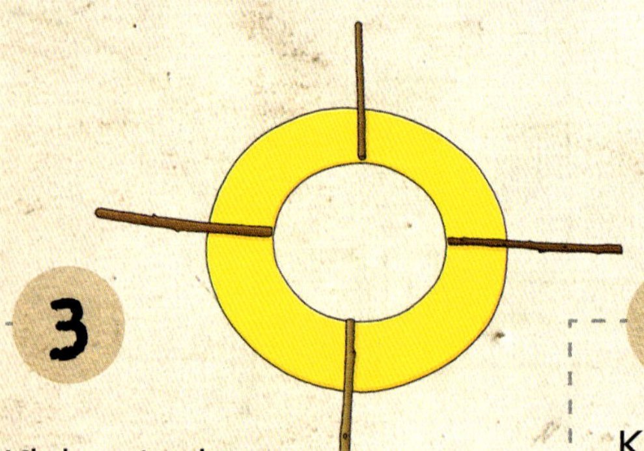

3

Klebe vier lange Stöckchen wie abgebildet auf den Rahmen.

4

Klebe weitere Stöckchen in gleichmäßigen Abständen auf. Male die Enden der Stöckchen gelb an.

5

Trage etwas Klebstoff auf jedes zweite Feld zwischen den Stöckchen auf und gib verschiedenfarbige Bohnen darauf.

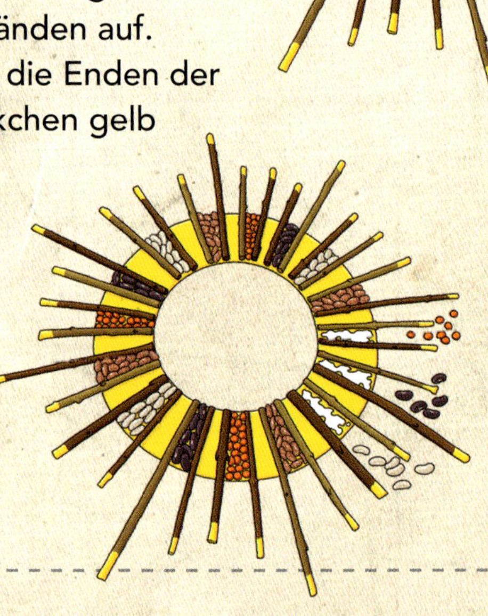

6

Trage Klebstoff auf den halben Rand des kleineren Kreises auf.

7

Klebe diesen Kreis auf die Rückseite des Rahmens. Befestige eine Geschenkbandschleife mit Klebstoff hinten auf dem Rahmen, damit du ihn später aufhängen kannst.

8

Da der Kreis hinten nur halb aufgeklebt ist, kannst du dein Lieblingsfoto in den Rahmen schieben.

Rentier

Rentiere leben dort, wo es kalt ist. Sie graben mit ihren Hufen im Schnee nach Nahrung.

Materialien

2 dünne Holzstücke, eines davon etwas dicker

Säge und Handbohrer (mit der Hilfe eines Erwachsenen)

5 dünne, gerade Zweige

2 dünne Zweige mit Seitentrieben

2 Pistazienschalen

Eichelfruchtbecher

2 getrocknete Bohnen

Kleine Muschelschale

1

Bitte einen Erwachsenen, das dickere Holzstück zum Körper des Rentiers zurechtzuschneiden. Schneide von dem dünneren Holz ein Stück ab, das etwa drei Viertel so lang ist wie das dickere. Das wird der Kopf.

2

Bitte einen Erwachsenen, vier Löcher in den Körper zu bohren. Sie sollten etwas größer als die dünnen, geraden Zweige sein und leicht nach außen weisen.

3

Drehe den Körper um und lasse einen Erwachsenen hinten ein weiteres Loch hineinbohren. Auch dieses sollte nach außen weisen.

4

Schneide 4 dünne Zweige gleich lang zu Beinen zurecht. Gib etwas Klebstoff in die vier Löcher unten und stecke die Zweige hinein.

5

Schneide einen dünnen Zweig etwas kürzer als die Beine zurecht und klebe ihn ins obere Loch. Das ist der Hals.

6

Lasse einen Erwachsenen ein Loch in ein Ende des Kopfes bohren. Dieses Loch sollte ganz gerade sein.

Drehe den Kopf um und lasse am gleichen Ende zwei Löcher für das Geweih bohren.

8

Befestige den Kopf mit Klebstoff am Hals.

9

Klebe die beiden Zweige mit Seitentrieben in die Geweihlöcher.

10

Klebe 2 Pistazienschalen als Ohren auf. Male einen Eichelfruchtbecher schwarz an und klebe ihn als Nase auf. Füge 2 Bohnen als Augen und eine Muschelschale als Schwanz hinzu. Setze weiße Punkte auf Augen, Körper und Kopf.

Schlange

Materialien

Langer, krummer Zweig

Buntes Garn

Schaumstoffkugel

2 kleine Schneckenhäuser

Propellersamen

1

Umwickle den Zweig mit buntem Garn. Nimm etwas Klebstoff zu Hilfe, falls es nicht hält. Lass einige Stellen des Zweigs frei.

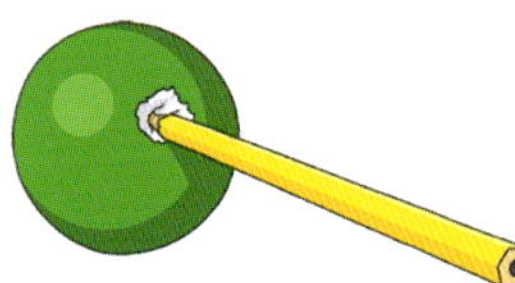

Male eine Schaumstoffkugel grün an, das wird der Kopf. Lass die Farbe trocknen. Bohre mit der Spitze eines Bleistifts ein Loch in die Kugel, in das die dickste Stelle des Zweigs passt.

3

Gib etwas Klebstoff auf das dicke Ende des Zweigs und stecke ihn in das Loch.

Klebe 2 Schneckenhäuser als Augen auf. Setze je einen schwarzen Punkt darauf und verziere auch den Kopf mit Punkten.

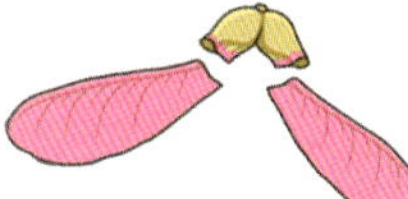

Brich die Samenkapsel der Propellersamen ab und male die »Propeller« rosa an. Das wird die Zunge der Schlange.

6

Schneide mit einer Schere einen Schlitz in den Kopf und klebe die Zunge hinein.

Krabbe

Materialien

6 Muschelschalen
Glatter Kiesel
2 Schneckenhäuser
2 getrocknete Blätter
Karton
2 kurze, dünne Stöckchen

1

Male 6 Muschelschalen leuchtend orange an.

2

Male einen Kiesel in einem helleren Orange an und lass die Farbe trocknen. Klebe die Muschelschalen als Füße auf.

3

Klebe auf der anderen Seite des Kiesels 2 Schneckenhäuser als Augen auf.

4

Klebe 2 Blätter auf Karton und schneide sie aus. Halbiere sie entlang der mittleren Blattader und klebe die Hälften an kurze, dünne Stöckchen. Das sind die Scheren.

5

Klebe die Scheren auf den Kiesel. Füge einige gelbe Punkte und einen lächelnden Mund hinzu – aber nimm dich vor den Scheren in Acht!

Laubfrösche

Laubfrösche sind nicht nur grün – sie können auch grau, braun oder ganz bunt sein! Sie kommen vor allem in sehr warmen Gegenden vor.

Materialien

Lange, dünne Zweige mit Seitentrieben

Kurze, dünne Zweige mit Seitentrieben

Kleine Kiesel

Eichelfruchtbecher

Gelber Karton

1

Schneide zwei lange, dünne Zweige mit Seitentrieben als Hinterbeine zurecht. Knicke sie in der Mitte vorsichtig zur Seite – wenn sie dabei teilweise brechen, ist das völlig in Ordnung.

2

Schneide zwei weitere Zweige mit Seitentrieben als Vorderbeine zurecht. Sie sollten kürzer als die Hinterbeine sein. Du kannst die Zweige grün anmalen oder in ihrer natürlichen Farbe belassen.

3

Male einen Kiesel grün an oder belasse ihn in seiner natürlichen Farbe. Klebe die Beine mithilfe einer Kaltklebepistole an den Körper an.

4

Male zwei Eichelfruchtbecher schwarz an und setze jeweils einen weißen Punkt darauf. Schneide zwei Kreise aus gelbem Karton aus. Sie sollten etwas größer als die Eichelfruchtbecher sein.

5

Klebe die Eichelfruchtbecher auf die Kreise. Das sind die Augen.

6

Klebe die Augen auf den Körper und verziere deinen Frosch mit bunten Punkten.

Nützlicher Tipp

Reinige die Kiesel vor dem Basteln mit etwas Geschirrspülmittel und warmem Wasser.

Pfau

Das Pfauenmännchen versucht, das Weibchen mit seinen prächtigen Schwanzfedern zu beeindrucken.

Materialien

Schaumstoffei	3 kleine Zapfen mit Stiel
Großer Kiefernzapfen	Dicker Karton
2 dünne Zweige mit Seitentrieben	Pfauenfedern (aus dem Bastelladen)
Spiralförmige Muschelschale	2 Augen zum Aufkleben

1

Male ein Schaumstoffei und einen großen Kiefernzapfen blau an. Klebe das Ei schräg an den Zapfen.

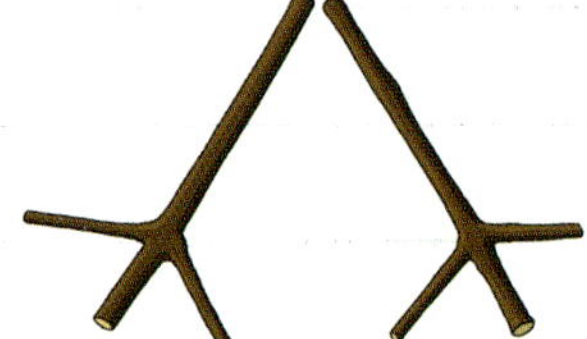

Lege 2 Zweige mit Seitentrieben wie abgebildet auf den Tisch.

3

Gib etwas Klebstoff oben auf die Zweige und drücke den Zapfen darauf. Nun hat dein Pfau Beine.

Male eine spiralförmige Muschelschale gelb an und drücke sie vorsichtig vorn in den Kopf. Nimm sie wieder heraus und klebe sie an.

5

Male 3 kleine Zapfen mit Stiel oben gelb an.

Bohre mit der Spitze eines Bleistifts drei Löcher oben in den Kopf und befestige die Zapfen mit Klebstoff darin.

7

Schneide ein Dreieck aus dickem Karton aus und male es blau an.

8

Klebe eine Pfauenfeder auf das Kartondreieck. Sie sollte länger als der Pfauenkörper sein.

Nützlicher Tipp

Pfauenfedern bekommst du im Bastelladen oder im Internet.

9

Klebe weitere Federn fächerförmig auf. Das ist der Pfauenschwanz.

10

Klebe den Schwanz hinten an den Körper. Klebe zwei Augen auf den Kopf auf – und fertig ist dein radschlagender Pfau!

Eidechse

Eidechsen sind Kaltblüter, sie brauchen die Wärme der Sonne, um ihren Körper aufzuheizen. Vielleicht mag sich deine Eidechse auf der warmen Fensterbank sonnen?

Materialien

Dicker Zweig

Säge (mit der Hilfe eines Erwachsenen)

Schaumstoffei

4 lange, dünne Zweige mit Seitentrieben

Lange Kartonröhre

2 Schneckenhäuser

1

Bitte einen Erwachsenen, einen dicken Zweig zum Körper deiner Eidechse zurechtzusägen. Male den Zweig und ein Schaumstoffei grün an. Klebe das Ei an den Zweig.

2

Schneide 2 lange, dünne Zweige mit Seitentrieben zu den Hinterbeinen zurecht. Knicke sie in der Mitte vorsichtig zur Seite.

3

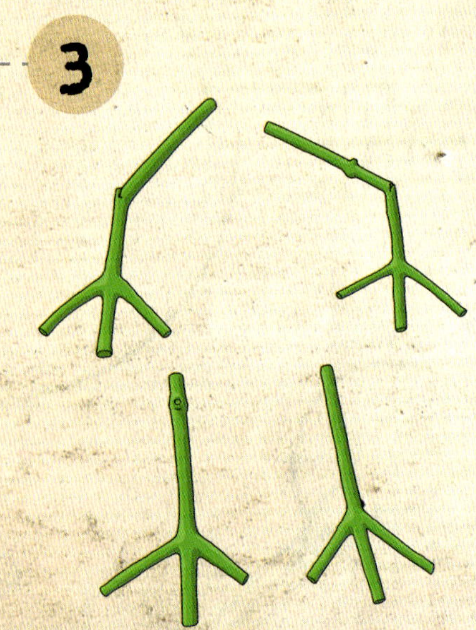

Schneide 2 weitere Zweige als Vorderbeine zurecht. Sie sind kürzer als die Hinterbeine. Male alle Beine grün an.

4

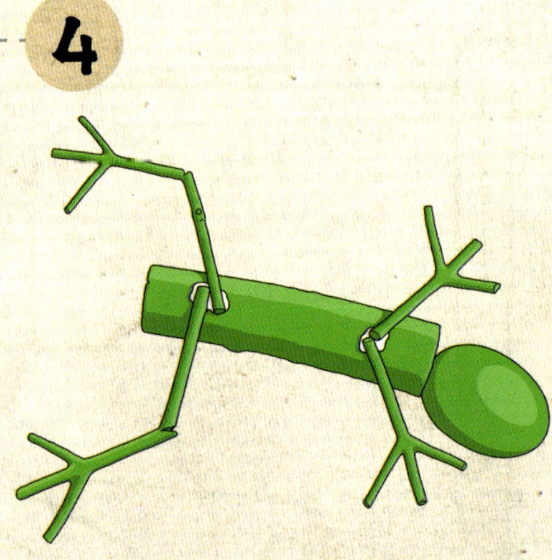

Befestige die Beine mithilfe einer Kaltklebepistole am Körper.

5

Schneide aus der Kartonröhre ein langes Dreieck aus und male es grün an. Das ist der Schwanz.

Nützlicher Tipp

Stirbt eine Schnecke, bleibt ihr Gehäuse noch lange erhalten. Suche im Laub nach leeren Schneckenhäusern.

6

Klebe den Schwanz an den Körper.

7

Klebe zwei leere Schneckenhäuser als Augen auf den Kopf. Verziere den Körper deiner Eidechse mit gelben Punkten und setze sie an ein sonniges Plätzchen.

Raupen

Zur Vorbereitung auf ihre Verwandlung in Schmetterlinge fressen Raupen unentwegt. In dieser Zeit häuten sie sich bis zu fünf Mal.

Materialien

Kurze, krumme Stöckchen

Schaumstoffkugeln

Bunter Bast

Kurze, schmale Stöckchen

Eichelfruchtbecher

1 größerer Ast

1

Male kurze, krumme Stöckchen in verschiedenen Farben an. Das sind die Raupenkörper.

2

Male Schaumstoffkugeln in denselben Farben an. Das sind die Raupenköpfe. Bohre mit einer Bleistiftspitze in jede Kugel ein Loch, das groß genug für den Raupenkörper ist.

3

Gib etwas Klebstoff auf ein Ende des Raupenkörpers und stecke den Körper in den Kopf. Umwickle die Körper mit buntem Bast.

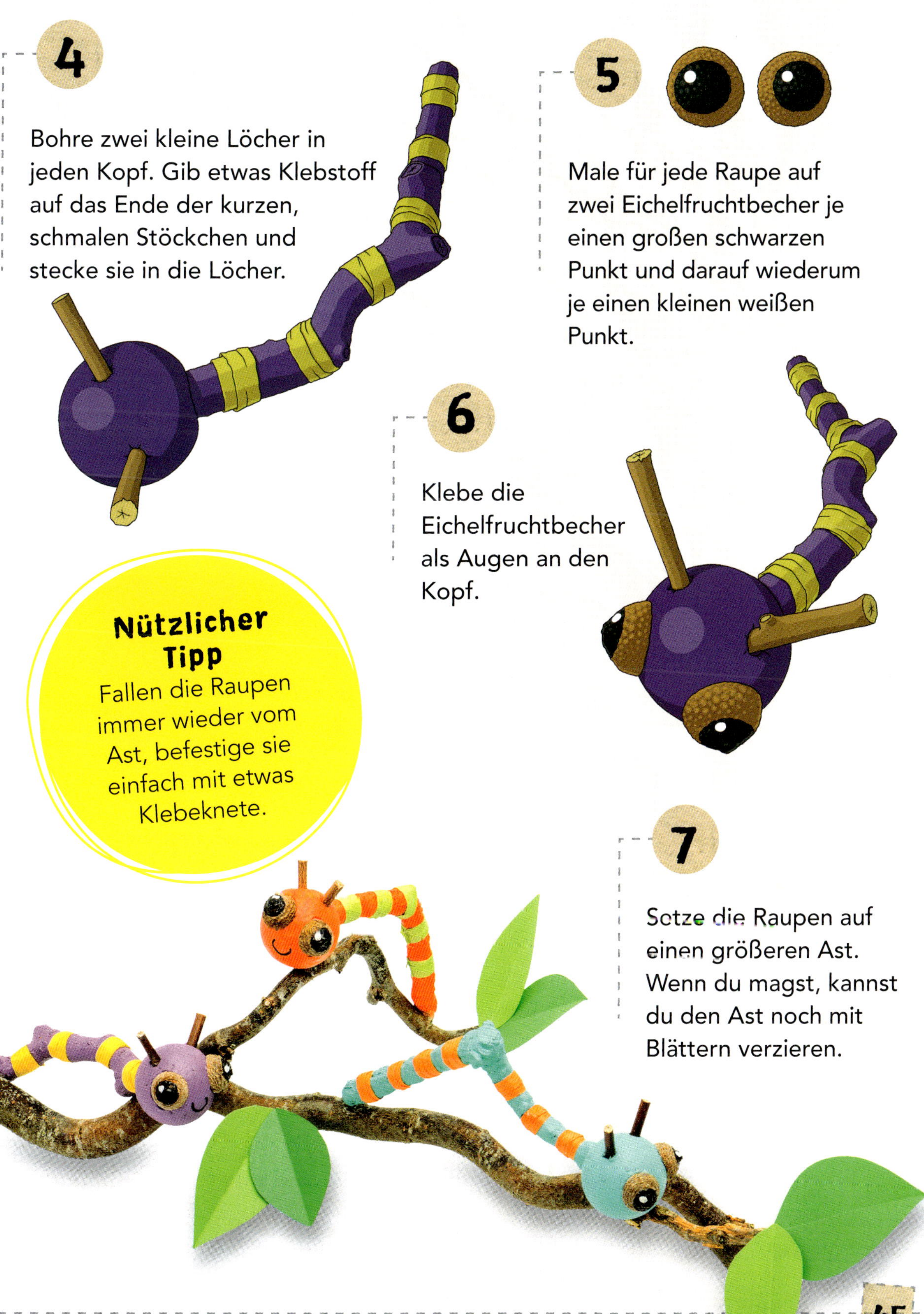

4

Bohre zwei kleine Löcher in jeden Kopf. Gib etwas Klebstoff auf das Ende der kurzen, schmalen Stöckchen und stecke sie in die Löcher.

5

Male für jede Raupe auf zwei Eichelfruchtbecher je einen großen schwarzen Punkt und darauf wiederum je einen kleinen weißen Punkt.

6

Klebe die Eichelfruchtbecher als Augen an den Kopf.

Nützlicher Tipp

Fallen die Raupen immer wieder vom Ast, befestige sie einfach mit etwas Klebeknete.

7

Setze die Raupen auf einen größeren Ast. Wenn du magst, kannst du den Ast noch mit Blättern verzieren.

Igel

Materialien

Brauner Filz
Kiefernzapfen
Eichelfruchtbecher
Getrocknete Bohnen

1

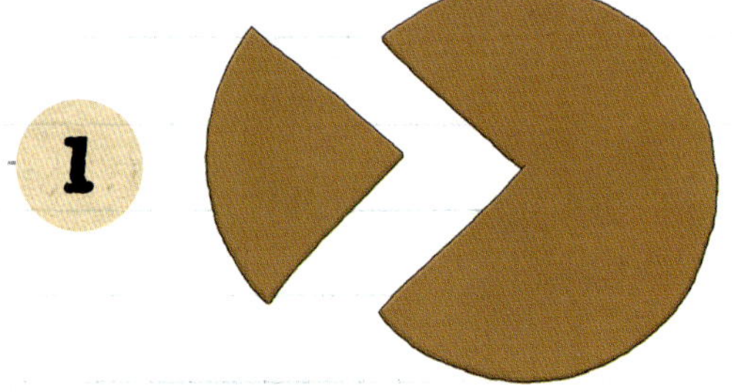

Schneide einen Kreis aus braunem Filz aus. Schneide ein Viertel des Kreises aus, das werden später die Ohren.

2

Drehe den restlichen Kreis zu einem Kegel und klebe den Kegel zusammen.

Schneide aus dem Kreisviertel ein Paar Ohren aus.

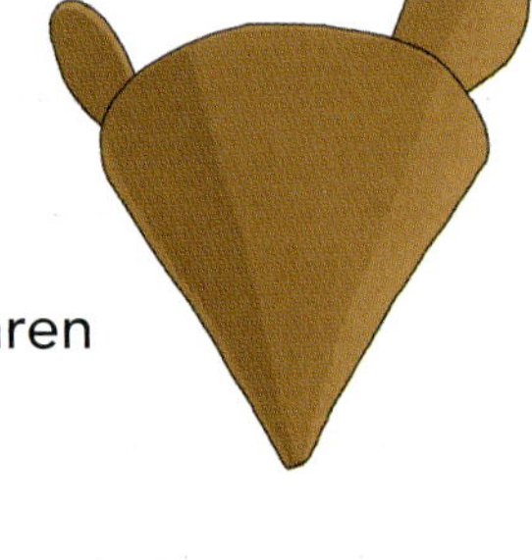

Klebe die Ohren innen in den Filzkegel.

Befestige den Filzkegel mit Klebstoff oben auf dem Kiefernzapfen.

Male einen Eichelfruchtbecher schwarz an und klebe ihn als Nase vorn an den Filzkegel. Klebe zwei getrocknete Bohnen als Augen auf den Kopf. Setze jeweils einen weißen Punkt darauf, und fertig ist dein Igel.

Insekten

Materialien

2 ganze Walnüsse

2 Muschelschalen

4 getrocknete Linsen

Ein Stück Rinde

1

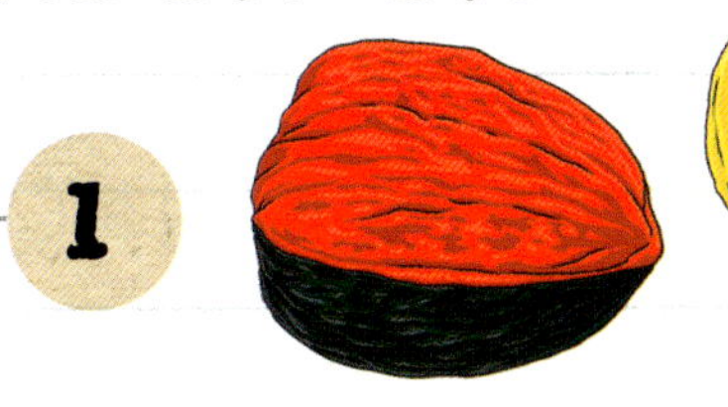

Male eine Walnuss oben rot und unten schwarz an – das wird ein Marienkäfer. Male eine zweite Walnuss oben gelb und unten schwarz an – das wird eine Biene.

2

Male der Biene schwarze Streifen und dem Marienkäfer schwarze Punkte auf. Male außerdem den Kopf des Marienkäfers schwarz an.

3

Klebe der Biene 2 kleine Muschelschalen an – das sind die Flügel.

4

Klebe jeweils 2 Linsen als Augen auf und setze schwarze Punkte darauf. Zeichne der Biene ein Lächeln und setze die Tiere auf die Rinde.

Nützlicher Tipp

Solltest du keine Rinde für deine Insekten finden, nimm einfach ein anderes Stück Holz.

Püppchen

Trockne die Blumen für deine Püppchen, indem du sie zwischen die Seiten eines schweren Buchs legst.

Materialien

- Mohnsamenköpfe
- Papierstrohhalme
- Bunter Karton (A4)
- Wäscheklammern
- Watte
- Dünne Zweige mit Seitentrieben
- Muscheln, getrocknete Samenhülsen, Propellersamen und Blumen
- Augen zum Aufkleben

1 Male die Mohnsamenköpfe in einem Hautton an und klebe die Stängel innen in Papierstrohhalme.

2 Schneide einen Halbkreis aus Karton aus und hebe die Kartonreste für die Arme auf.

3 Drehe den Halbkreis zu einem Kegel und lass dabei oben ein kleines Loch frei. Klebe den Kegel zusammen; sichere ihn mit Wäscheklammern, bis der Klebstoff trocken ist.

4 Stecke einen der fertigen Strohhalme in den Kegel und befestige ihn mit etwas Klebstoff.

5 Schiebe Watte um den Strohhalm in den Kegel, damit der Strohhalm fest sitzt.

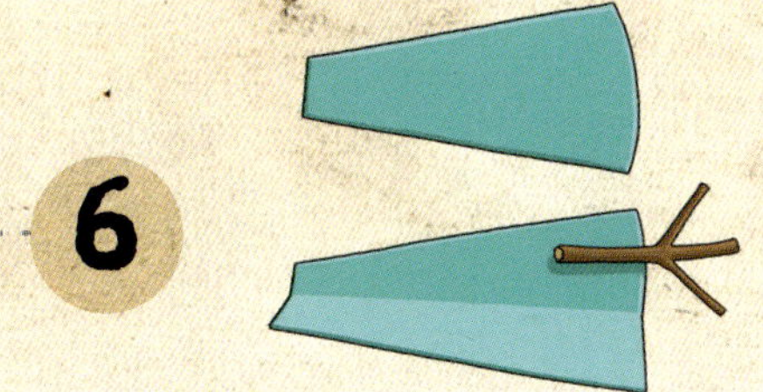

6

Schneide Arme aus den Kartonresten aus und klebe dünne Zweige mit Seitentrieben darauf. Die Zweige sind die Hände. Falte die Arme in der Mitte und klebe sie an den Rändern zusammen.

7

Klebe die Arme hinten an den Kegel.

8

Bastle aus Muscheln, getrockneten Samenhülsen und Propellersamen Haare sowie individuelle Gesichtszüge.

9

Verziere den Körper mit Samenhülsen oder getrockneten Blumen.

10

Klebe Augen auf die Köpfe und bastle weitere Püppchen in anderen Farben und mit anderen Materialien.

Koalabär

Koalas klettern auf Bäumen herum und fressen Eukalyptusblätter.

Materialien

Rinde, z. B. von einem Kirschbaum oder einer Birke

Kurze Kartonröhre

Wäscheklammern

Schaumstoffkugel

3 Muscheln

Eichelfruchtbecher

2 getrocknete Bohnen

Kurzer, dicker Zweig

Grüner Karton

1

Drücke die Rinde flach und schneide mithilfe der Schablone auf Seite 70 ein H daraus aus. Das ist der Koalakörper.

Nützlicher Tipp

Schäle keine Rinde von Bäumen ab, sondern suche am Boden nach Rinde, die bereits heruntergefallen ist.

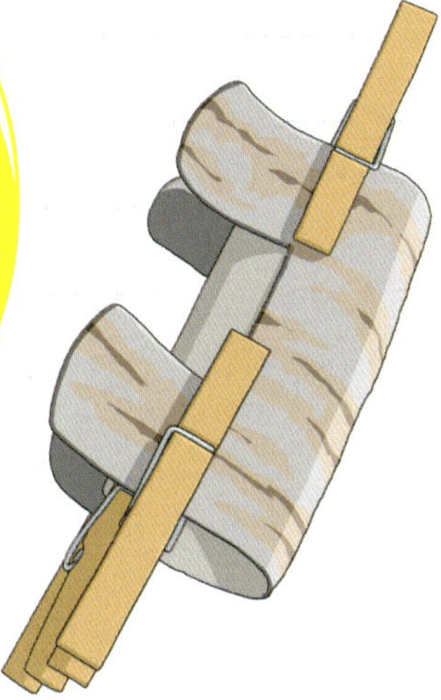

2

Male eine Kartonröhre grau an und klebe die Rinde darauf – die Pfoten dürfen nicht angeklebt werden. Sichere das Ganze mit Wäscheklammern, bis der Klebstoff trocken ist.

3

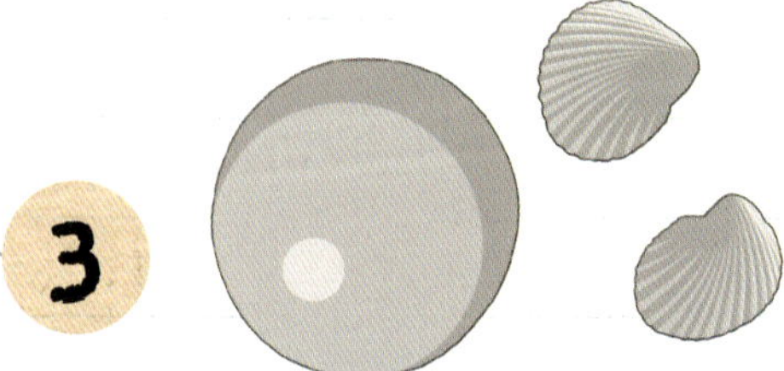

Male eine Schaumstoffkugel und 2 Muscheln für den Kopf und die Ohren grau an.

4

Mach mit einem Stift zwei Dellen in den Kopf und klebe die Muscheln in die Dellen.

5

Male einen Eichelfruchtbecher schwarz an und klebe ihn sowie 2 getrocknete Bohnen als Nase und Augen auf. Setze weiße Punkte auf die Augen.

6

Befestige den Kopf mit Klebstoff am Körper und klebe eine Muschel als Schwanz auf.

7

Schneide Blätter aus grünem Karton aus und klebe sie an ein Ende eines kurzen, dicken Zweigs. Befestige zum Schluss den Koala mit Klebstoff am Baum.

Krokodil

Dieses Krokodil besitzt Napfschnecken-schuppen. Du darfst die Schnecken aber nicht lebend einsammeln. Suche stattdessen nach leeren Schneckenhäusern.

Materialien

2 lange Kartonröhren

Ein kurzes Stück Holz, etwa so dick wie dein Handgelenk

Dicker Karton

4 Jakobsmuschelschalen

Ca. 20 kleine Muschelschalen

Ca. 14 Napfschnecken-häuser

2 Eichelfruchtbecher

1

Schneide eine Kartonröhre der Länge nach auf.

2

Male die Röhre und das Stück Holz oben grün an. Klebe die Röhre um ein Ende des Holzes, drehe sie zu einem Kegel und klebe die Ränder der Röhre zusammen.

3

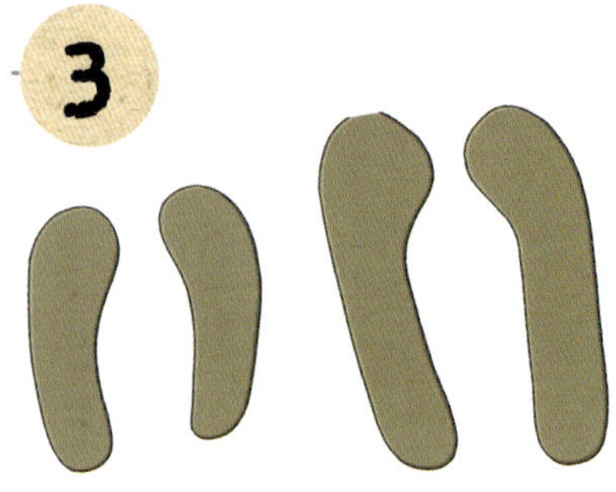

Schneide mithilfe der Schablonen auf Seite 71 vier Beine aus dickem Karton aus, zwei kurze und zwei längere.

4

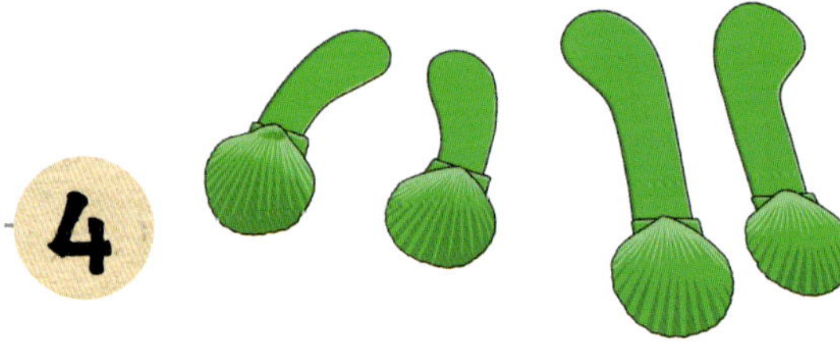

Klebe ans Ende jedes Beins 1 Jakobsmuschelschale und male alles grün an.

5

Klebe die Beine an den Körper. Die kurzen sind vorn.

6

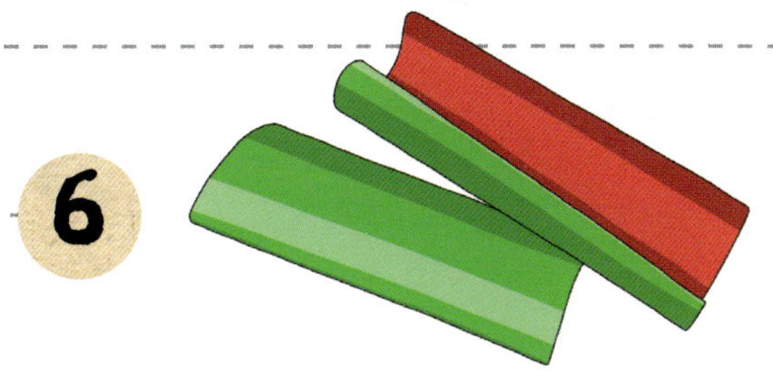

Schneide auch die andere Kartonröhre der Länge nach auf und dann längs in zwei Hälften. Sie werden das Krokodilmaul. Schneide von einer Hälfte ein Stück ab und male die Hälften außen grün und innen dunkelpink an.

7

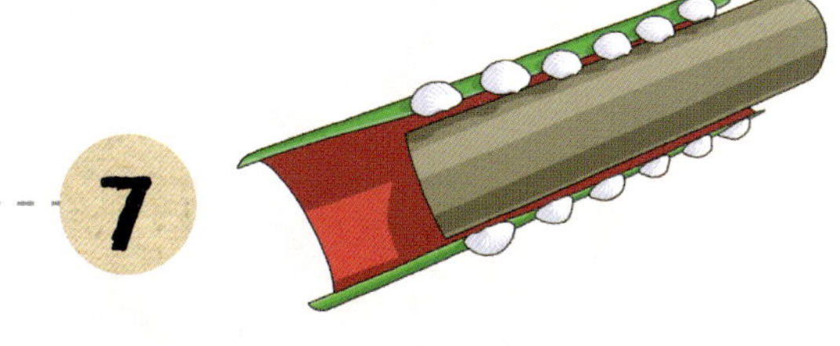

Klebe kleine Muschelschalen als Zähne an die Ränder. Eine weitere Kartonröhre hält die Hälften offen, sodass der Klebstoff trocknen kann.

Klebe die kürzere Hälfte unten und die längere oben an den Körper des Krokodils.

9

Klebe Napfschneckenhäuser oben auf den Körper und den Schwanz. Male auf 2 große Napfschneckenhäuser schwarze Punkte und darauf wiederum je einen kleinen weißen Punkt. Klebe die Augen auf den Kopf.

10

Klebe 2 Eichelfruchtbecher als Nasenlöcher an. Verziere dein Krokodil zum Schluss noch mit gelben Punkten.

SCHNAPP

SCHNAPP

Löwenmaske

Sammle im Herbst heruntergefallene Blätter und trockne sie in einem schweren Buch. Nach etwa einer Woche kannst du sie zum Basteln verwenden.

Materialien

Gelber Karton

Teller und Gläser in verschiedenen Größen

Weißer Karton

Dünnes Gummiband

Gelbe, goldfarbene und braune heruntergefallene Blätter

Schwarzer Filz

1

Zeichne den Umriss eines Tellers (30 cm Ø) auf gelben Karton. Zeichne mithilfe eines Glases kleinere Kreise für die Ohren und ganz kleine Kreise für die Augenlöcher. Ziehe unter den Augen eine gerade Linie.

Schneide die Maske aus. Bohre zum Ausschneiden der Augenlöcher vorher mit einem Bleistift je ein Loch in den Karton. Male das Innere der Ohren rosa an.

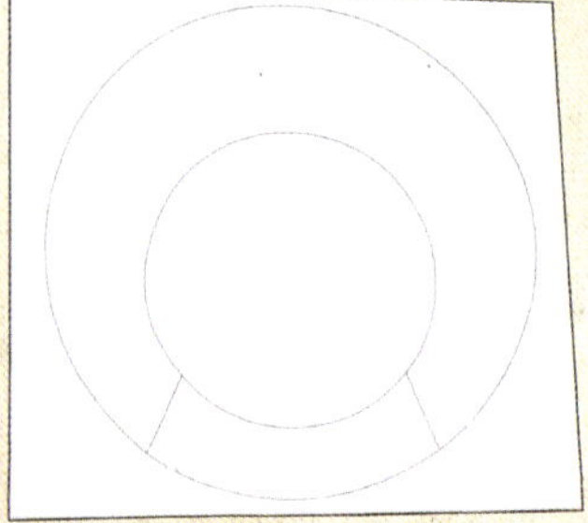

Zeichne den Umriss eines größeren Tellers auf weißen Karton. Zeichne etwas nach unten versetzt einen kleineren Kreis ein.

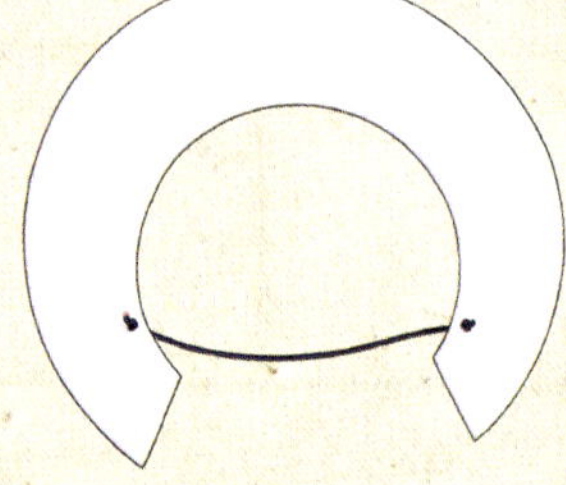

Schneide die Kreise und dann unten ein Stück aus dem Kartonring aus. Bohre auf beiden Seiten ein kleines Loch und ziehe ein dünnes Gummiband durch die Löcher. Verknote die Enden.

5

Klebe Blätter überstehend auf den Kartonring auf.

6

Klebe weiter Blätter auf, sie dürfen einander ruhig überlappen. Lass innen nur einen schmalen Rand weißen Kartons frei.

7

Gib etwas Klebstoff auf den weißen Rand und klebe die gelbe Maske darauf.

8

Schneide zwei weiße Kartonkreise aus und klebe sie unten rechts und links an die gelbe Maske.

9

Halbiere zwei Blätter und klebe sie als Augenbrauen auf.

10

Schneide aus schwarzem Filz eine Nase aus und klebe sie auf. Zeichne deinem Löwen zum Schluss noch ein paar Schnurrhaare.

Dinosaurier

Materialien

- Luftballon
- Klebeband
- Glas
- Altes Zeitungspapier, in Streifen gerissen
- Mischung aus Tapetenkleister und Wasser (Verhältnis 2:1)
- Lange Kartonröhre
- Dünne Stöckchen
- Schaumstoffei
- Krummer Zweig
- Dickerer Ast
- 2 Eichelfruchtbecher

1

Blase einen Luftballon auf und verknote ihn. Befestige ihn mit Klebeband an einem Glas. Tauche Zeitungspapierstreifen in die Kleistermischung und lege sie in drei Schichten auf die obere Hälfte des Ballons. Lass sie trocknen.

2

Lass den Ballon platzen und male das Pappmaché violett an. Begradige die Ränder und schneide einen Halbkreis aus der Halbkugel aus.

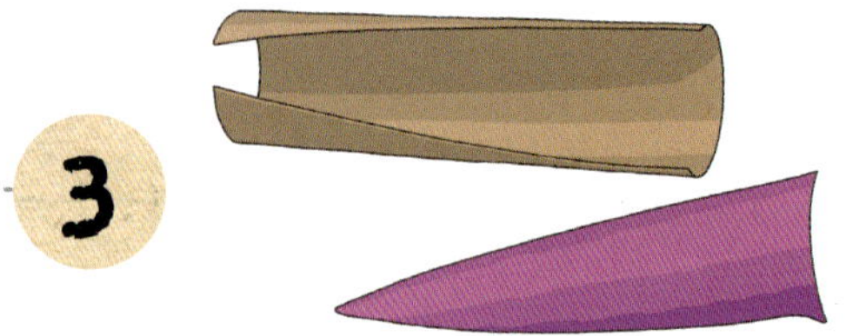

3

Schneide ein langes Dreieck aus der Kartonröhre aus und male es ebenfalls violett an. Das ist der Schwanz des Dinosauriers.

4

Klebe den Schwanz in den Halbkreis der Pappmachékugel.

Bohre mit einem Bleistift Löcher in die Halbkugel und den Schwanz. Befestige kleine Stöckchen mit Klebstoff in den Löchern.

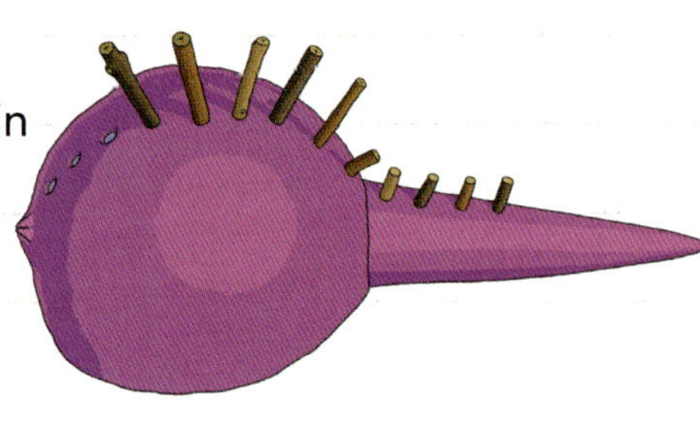

6

Bohre mit einem Bleistift ein Loch vorn in die Halbkugel und schneide von dem Loch aus mit einer Schere kleine Schlitze hinein.

7

Male ein Schaumstoffei violett an. Bohre ein Loch ins dicke Ende des Eis und klebe das Ei an einen krummen Zweig. Klebe den Zweig ins Loch im Körper des Dinosauriers.

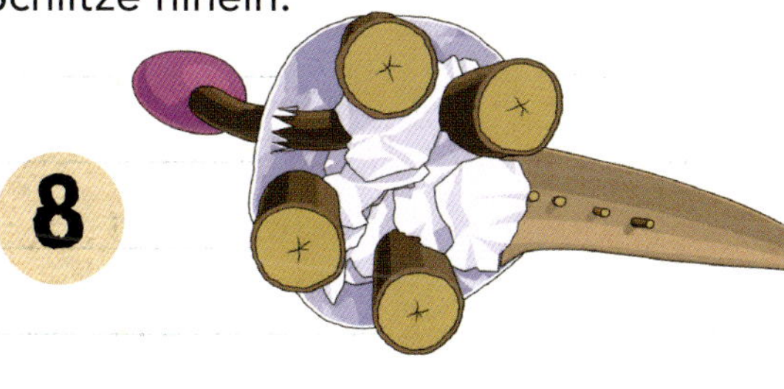

8

Bitte einen Erwachsenen, einen dickeren Ast in 4 gleich lange, kurze Stücke zu schneiden. Klebe die Stücke an den Innenrand der Halbkugel und stopfe die Halbkugel mit zerknülltem Zeitungspapier aus.

9

Male schwarze Kreise auf 2 Eichelfruchtbecher und setze je einen weißen Punkt darauf. Klebe die Augen auf den Kopf.

10

Verziere deinen Dinosaurier zum Schluss noch mit gelben Punkten.

Engel

Materialien

- Glitzerkleber
- Kiefernzapfen
- Schaumstoffkugeln
- Garn
- Getrocknete Blätter
- Glitzer-Pfeifenreiniger
- Getrocknete Linsen

1

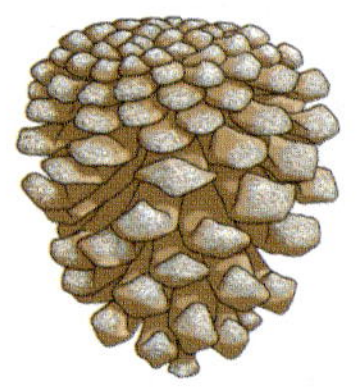

Gib etwas Glitzerkleber auf die Schuppen der Kiefernzapfen.

2

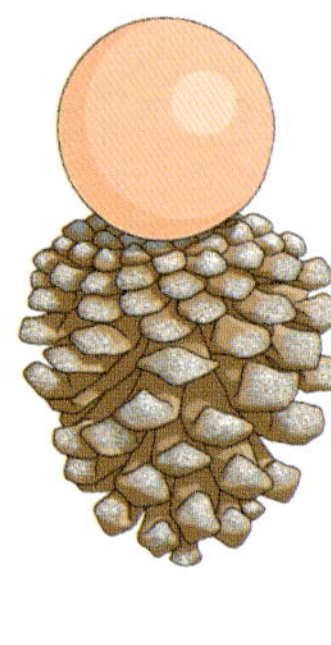

Male die Schaumstoffkugeln in einem Hautton an und klebe je eine Kugel auf einen Zapfen.

3

Schneide etwas Garn ab und klebe es als Haar auf die Schaumstoffkugeln.

4

Male getrocknete Blätter weiß an und klebe sie als Flügel hinten an die Zapfen.

5

Halbiere einen Pfeifenreiniger, biege die Hälften zu Ringen und klebe sie als Heiligenschein an den Kopf.

6

Klebe getrocknete Linsen als Augen an und male deinen Engeln ein Lächeln sowie rosige Wangen auf.

Papagei

Materialien

Länglicher Kiefernzapfen

Miesmuschelschalen (1 Paar und 1 einzelne)

Propellersamen

Filz

Augen zum Aufkleben

Dickerer Zweig mit Seitentrieben

1

Male den Kiefernzapfen rot an.

2

Male ein Paar Miesmuschelschalen rot, gelb und blau an. Das sind die Flügel des Papageis.

3

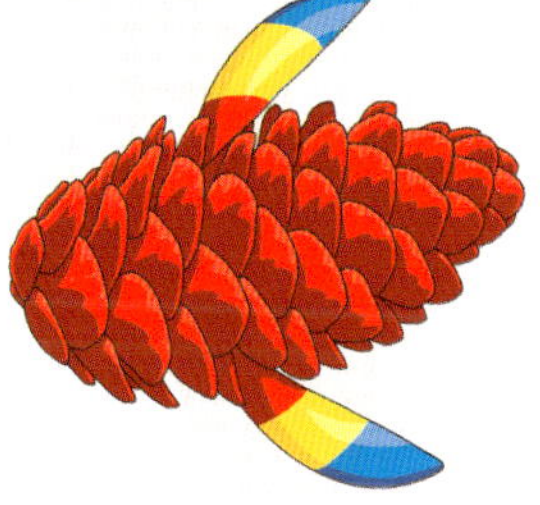

Klebe die Flügel seitlich an den Zapfen und schiebe sie dabei etwas zwischen die Zapfenschuppen.

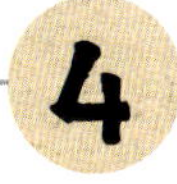

4

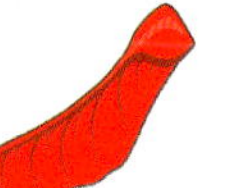

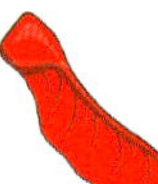

Male ein Paar Propellersamen rot an und halbiere es. Das sind die Schwanzfedern.

5

Klebe den Schwanz ans schmale Ende des Zapfens.

6

Klebe eine einzelne, nicht angemalte Miesmuschelschale als Schnabel ans dickere Ende des Zapfens. Schneide zwei Filzkreise aus und beklebe sie mit Augen. Klebe die Augen an den Zapfen und befestige den Papagei an einem dickeren Zweig.

Schaf

Suche im Winter nach Schaffellbüscheln, die sich an Zäunen oder Sträuchern verfangen haben.

Materialien

- Dicker Zweig
- Säge (mit der Hilfe eines Erwachsenen)
- Dicker Karton
- Länglicher Kiefernzapfen mit weit geöffneten Schuppen
- Schnur
- Schaumstoffei
- Schaffellbüschel
- 2 Miesmuschelschalen
- 3 kleine Muscheln

1

Bitte einen Erwachsenen, einen dicken Zweig in 4 gleich lange, kurze Stücke zu sägen. Klebe sie als Beine an ein Rechteck aus dickem Karton.

2

Binde den Kiefernzapfen mit einer Schnur an den Karton. Umwickle den Zapfen dabei mindestens drei Mal, damit er hält.

3

Stelle das Schaf auf die Beine. Male ein Schaumstoffei schwarz an und klebe es ans breitere Ende des Zapfens.

4

Verteile kleine Schaffellstückchen zwischen und auf den Schuppen des Zapfens. Drücke sie mit einem Bleistift tief hinein.

5

Bedecke den gesamten Zapfen mit Schaffell.

6

Bohre zwei kleine Löcher oben in den Kopf und klebe jeweils eine Miesmuschelschale als Ohr hinein.

7

Verteile weitere Schaffellstückchen zwischen den Ohren. Klebe kleine Muscheln als Augen und Nase auf und setze je einen schwarzen Punkt auf die Augen. Jetzt kannst du dein Schaf auf die Weide schicken.

Nützlicher Tipp

Weiche das Schaffellbüschel in einer Schüssel mit warmem Wasser und etwas Geschirrspülmittel 30 Minuten ein, um es zu reinigen.

Pilze

Materialien

7 Napfschneckenhäuser

Dünne, krumme Stöckchen

Modelliermasse

Ast

Handbohrer (mit der Hilfe eines Erwachsenen)

1

Male einige Napfschneckenhäuser rot an und setze weiße Punkte darauf. Belasse die anderen Schneckengehäuse in ihrer natürlichen Farbe.

2

Schneide für die Pilzstängel einige dünne, krumme Stöckchen auf eine ähnliche Länge zurecht.

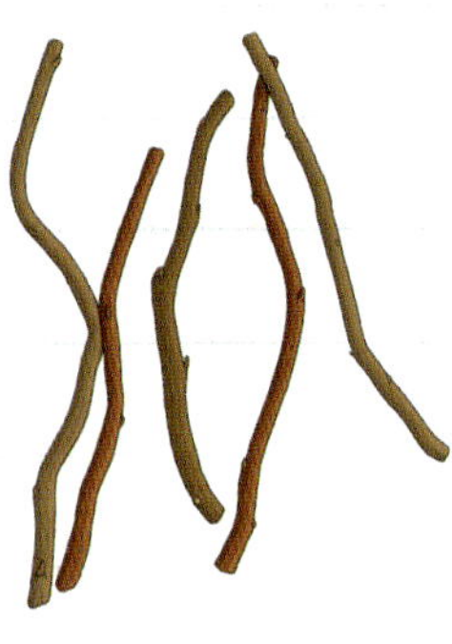

3

Drücke etwas Modelliermasse in jedes Schneckenhaus und dann jeweils einen Pilzstängel hinein.

4

Bohre Löcher in einen Ast, die etwas größer als die Pilzstängel sind.

5

Gib etwas Klebstoff in jedes Loch und stecke die Pilze hinein. Nun ist dein Pilzgarten fertig!

Schneemann

Materialien

1 Mohnsamenkopf
1 Eichelfruchtbecher
Schaumstoffkugel
2 Zweige mit Seitentrieben
Kleiner roter Bommel
Geschenkband
Getrocknete Linsen oder Pfefferkörner
Orangefarbener Karton

1

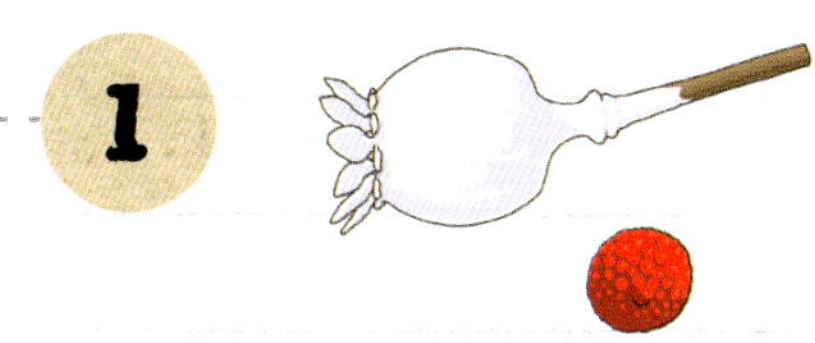

Male den Mohnsamenkopf weiß und den Eichelfruchtbecher rot an.

2

Bohre mit einer Bleistiftspitze ein Loch in die Schaumstoffkugel und stecke den Mohnstängel hinein.

3

Bohre mit dem Bleistift auch seitlich Löcher in die Schaumstoffkugel und stecke die Zweige als Arme hinein.

4

Klebe den Eichelfruchtbecher auf den Mohnsamenkopf und darauf den roten Bommel. Wickle dem Schneemann ein Band als Schal um den Hals.

5

Klebe zwei Linsen als Augen auf. Schneide aus orangefarbenem Karton ein kleines Dreieck aus und klebe es als Nase an. Male deinem Schneemann zum Schluss ein Lächeln aus schwarzen Punkten auf.

Vögel

Wähle leuchtende Farben für deine Vögel oder versuche, Vögel aus deiner Umgebung nachzubasteln.

Materialien

2 dünne Zweige mit Seitentrieben

Schaumstoffkugel

4 Propellersamenpaare

Pistazienschale

2 getrocknete Bohnen

1

Schneide 2 dünne Zweige mit Seitentrieben auf die gleiche Länge zurecht. Biege die Haupttriebe vorsichtig nach oben.

2

Male die Schaumstoffkugel an und bohre mit einer Bleistiftspitze nah beieinander zwei Löcher hinein. Stecke die Zweige in die Löcher.

3

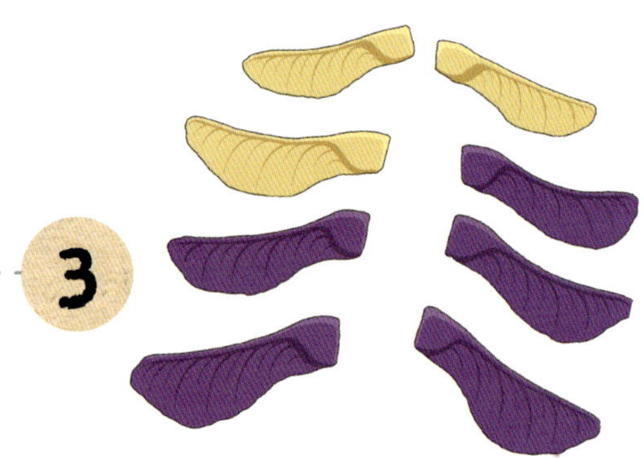

Halbiere 4 Propellersamenpaare und male sie an oder belasse sie in ihrer natürlichen Farbe.

4

Klebe für die Flügel je 3 Propellersamenhälften wie abgebildet aneinander.

Klebe die Flügel seitlich an die Schaumstoffkugel.

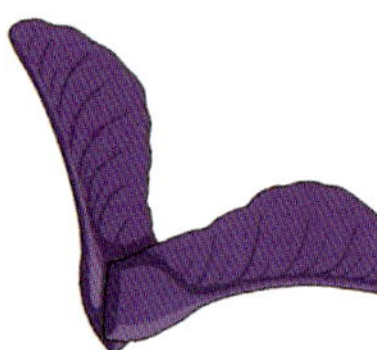

Klebe 2 Propellersamenhälften zu einem Schwanz zusammen.

7

Schneide hinten in die Schaumstoffkugel einen kleinen Schlitz und klebe den Schwanz hinein.

8

Male eine Hälfte der Pistazienschale gelb an und drücke sie vorn in die Schaumstoffkugel. Nimm sie wieder heraus, gib es etwas Klebstoff in den Schlitz und drücke die Nussschalenhälfte wieder hinein.

9

Klebe getrocknete Bohnen als Augen auf und bastle nach diesem Muster weitere Vögel.

Nützlicher Tipp

Bleiben die Vögel nicht stehen, befestige sie mit etwas Klebeknete am Untergrund.

Kakteen

Materialien

Glatte Kiesel
Bucheckern
Blumentopf
Sand oder Kies

1

Male die Kiesel in verschiedenen Grüntönen an.

2

Verziere sie mit Sternchen, um die Stacheln nachzubilden.

3

Male einige Bucheckern so an, dass sie wie Blüten aussehen.

4

Fülle einen Blumentopf mit Sand oder Kies. Hat der Topf am Boden ein Loch, klebe es vorher zu.

5

Drücke die Kiesel in den Sand oder den Kies und klebe zum Schluss die Blüten auf die Kakteen.

Henne und Küken

Materialien

- Schaumstoffei
- Hälfte einer Kokosnussschale
- 3 Paar Miesmuschelschalen
- Buchecker
- Pistazienschale
- Ganze Walnüsse
- Dünne Zweige mit Seitentrieben
- Augen zum Aufkleben
- Getrocknete Bohnen

1

Male das Schaumstoffei braun an und lass die Farbe trocknen. Klebe es dann als Kopf an die halbe Kokosnussschale.

Klebe 2 Miesmuschelschalenpaare seitlich als Flügel und eines hinten als Schwanz an den Körper an.

Male eine Buchecker rot an.

Bohre mit einem Bleistift oben ein Loch in das Schaumstoffei und klebe die Buchecker hinein. Male eine halbe Pistazienschale gelb an und klebe sie als Schnabel vorn an den Kopf.

Male die Walnüsse gelb an – das sind die Küken – und klebe dünne Zweige mit Seitentrieben als Füße an.

Klebe der Henne und den Küken Augen auf. Klebe den Küken außerdem jeweils eine Bohne als Schnabel an.

Schablonen

Vogelmaske

(S. 8f.)

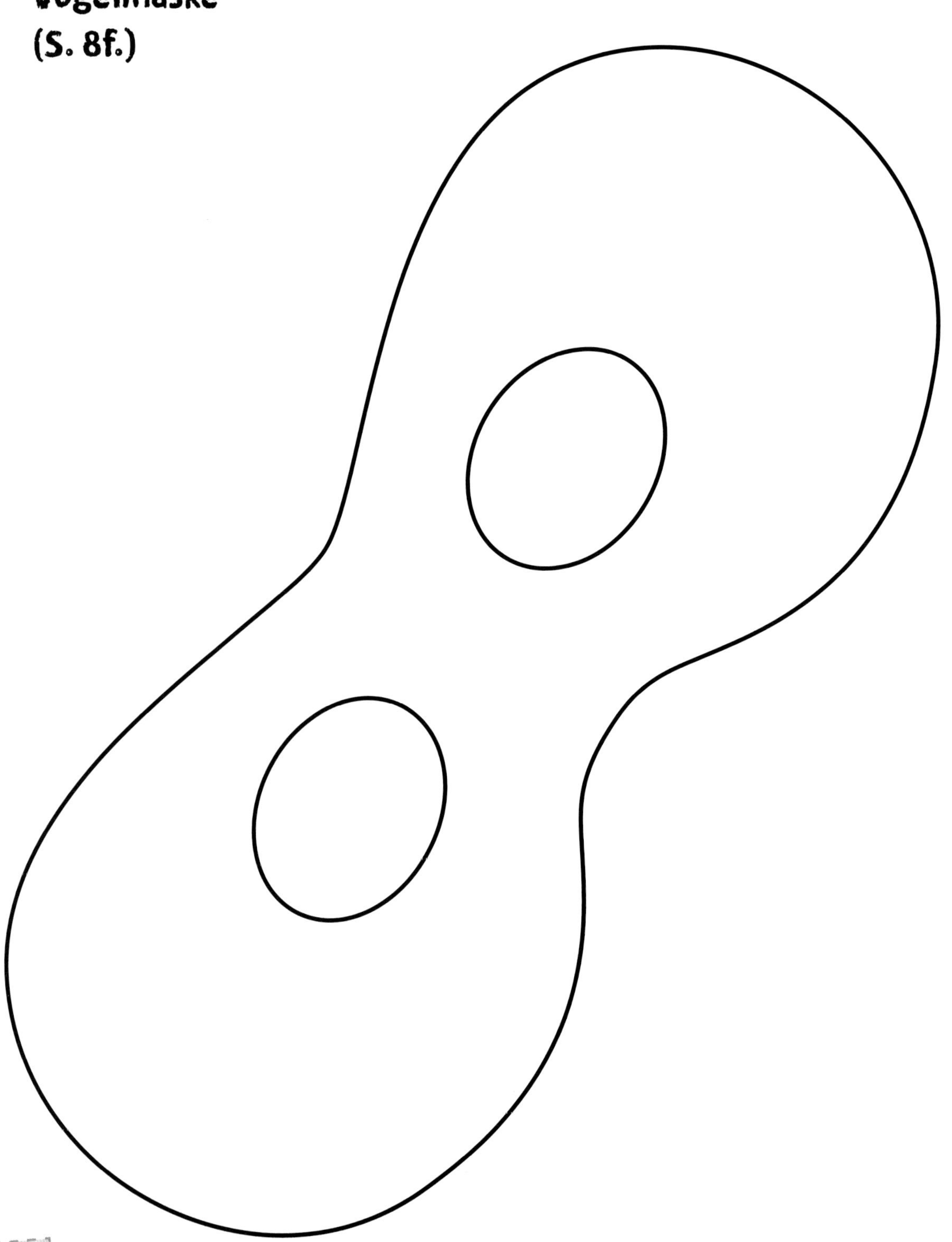

Blütenblatt
(S. 11)

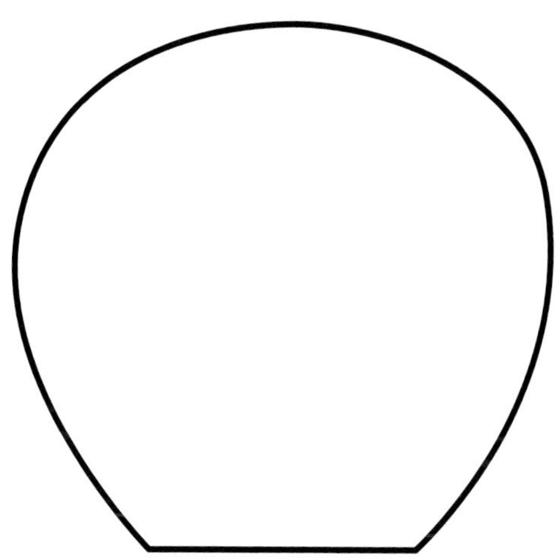

Eichhörnchenarme
(S. 22f.)

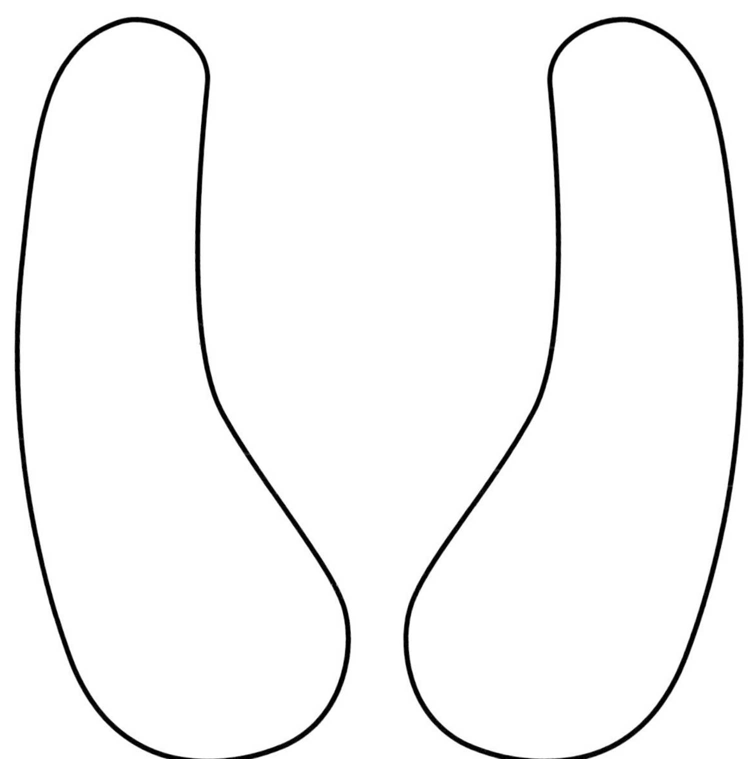

Koalabärkörper
(S. 50f.)

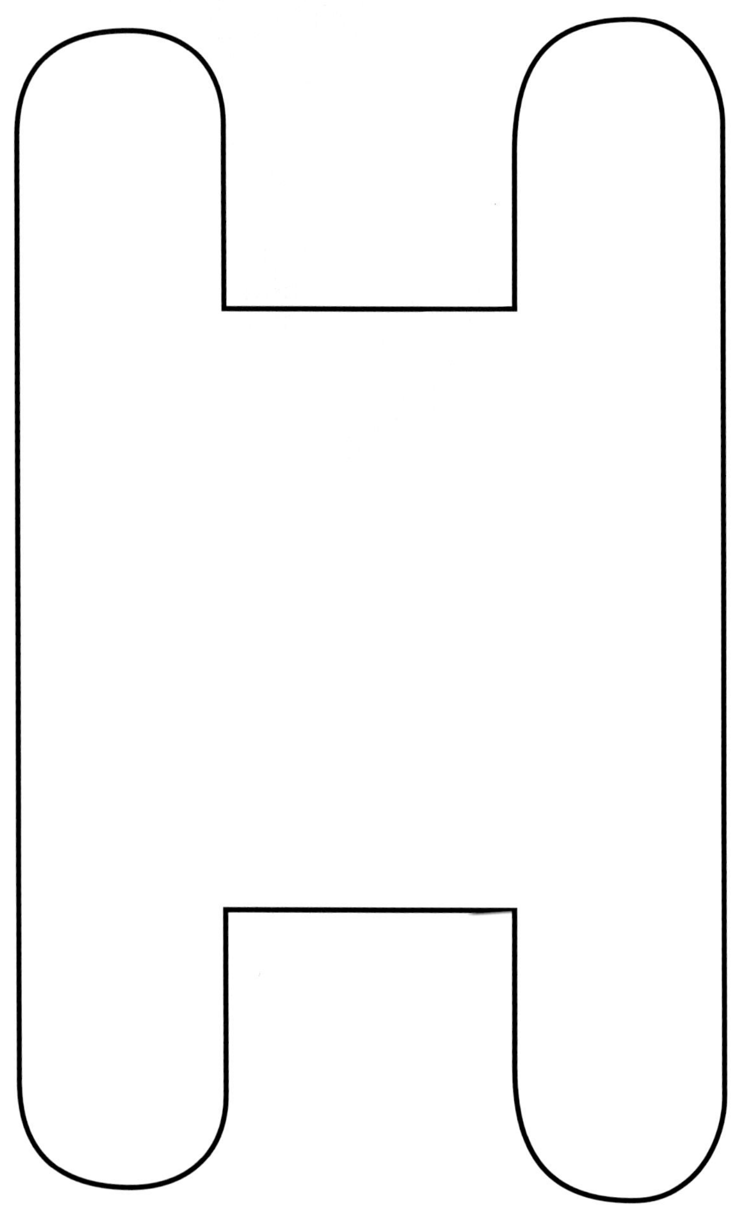

Krokodilbeine
(S. 52f.)

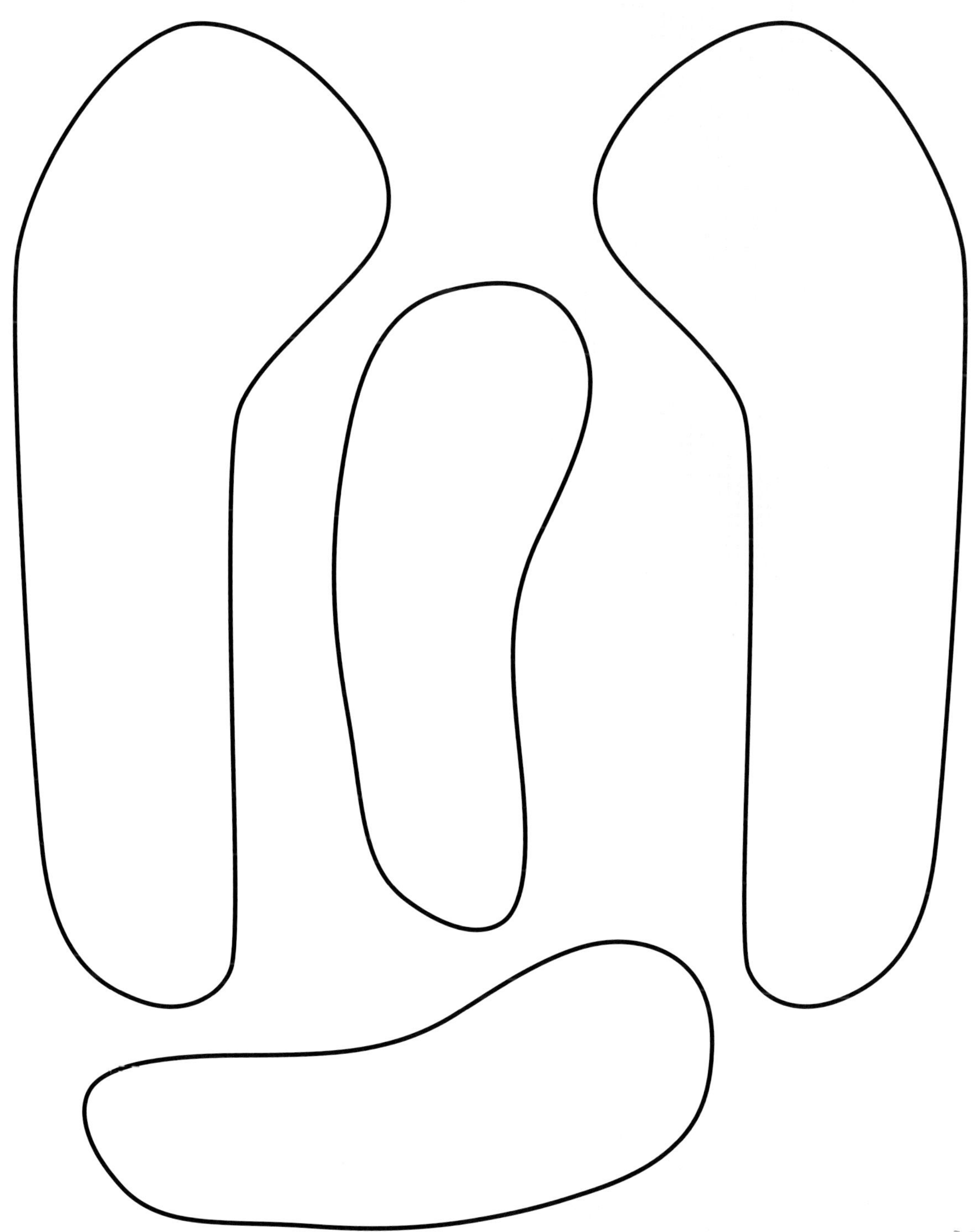

Basteltipps

Welche Materialien aus der Natur brauchst du?

Überlege, welche Bastelideen du umsetzen willst.
Fertige eine Liste mit den Materialien an, nach denen du dafür suchen musst, oder zeichne sie auf.

Welche Materialien aus der Natur hast du gefunden?

Liste oder zeichne deine Schätze hier auf.

Wo könntest du nach den Materialien suchen?

Fertige eine Liste der Orte an, an denen du nach den benötigten Materialien suchen willst, und zeichne die Bäume, Pflanzen oder Gegenstände auf.

Was brauchst du sonst noch?

Was könntest du für deine Schatzsuche sonst noch gebrauchen – einen Eimer, einen Spaten, eine Tasche? Solltest du vielleicht einen Erwachsenen mitnehmen, der dir bei deiner Suche hilft? Schreibe oder zeichne alles auf.

Schatzkiste

Bewahre deine Funde aus der Natur in einer eigenen Schachtel auf, die du mit einigen deiner Schätze dekorieren könntest. Teile die Schachtel mit Pappe in kleinere Abschnitte ein – so herrscht Ordnung, und du findest alles wieder.
Schreibe oder zeichne auf, was du dir für deine Schatzkiste wünschst.

Muschel- und Schalensammlung

Zeichne alle Muscheln, Schalen, Gehäuse und Hülsen auf, die du gefunden hast – entweder ganz oder als Umriss.

Bilder aus getrockneten Blättern

Zeichne hier deine Lieblingstiere auf. Bilde sie anschließend mit getrockneten Blättern, die du auf Papier aufklebst, nach. Probiere es mit einem Fuchs, einer Eule oder einem Igel.

Durchpausen

Du kannst mit deinen Materialien aus der Natur auch Bilder anfertigen, indem du sie durchpaust. Lege ein dünnes Blatt Papier z. B. auf ein Blatt oder ein Stück Rinde und fahre mit einem Wachsmalstift vorsichtig so lange über die Oberfläche, bis die Struktur des Gegenstands auf dem Papier zu sehen ist. Versuche es mit verschiedenen Strukturen und verschiedenen Farben. Füge die Strukturen auf dieser Seite zu einer Collage zusammen.